essentials

Essentials liefern aktuelles Wissen in konzentrierter Form. Die Essenz dessen, worauf es als „State-of-the-Art" in der gegenwärtigen Fachdiskussion oder in der Praxis ankommt. *Essentials* informieren schnell, unkompliziert und verständlich

- als Einführung in ein aktuelles Thema aus Ihrem Fachgebiet
- als Einstieg in ein für Sie noch unbekanntes Themenfeld
- als Einblick, um zum Thema mitreden zu können

Die Bücher in elektronischer und gedruckter Form bringen das Fachwissen von Springerautor*innen kompakt zur Darstellung. Sie sind besonders für die Nutzung als eBook auf Tablet-PCs, eBook-Readern und Smartphones geeignet. *Essentials* sind Wissensbausteine aus den Wirtschafts-, Sozial- und Geisteswissenschaften, aus Technik und Naturwissenschaften sowie aus Medizin, Psychologie und Gesundheitsberufen. Von renommierten Autor*innen aller Springer-Verlagsmarken.

Katharina Sachse · Claus-Peter Heinrich ·
Silke F. Heiss · Sandra Sülzenbrück

Arbeitgeberattraktivität aus Sicht der Generationen

Einigkeit statt Unterschiede

 Springer

Katharina Sachse (ORCID)
Hochschule Schmalkalden
Schmalkalden, Deutschland

Claus-Peter Heinrich
Berlin, Deutschland

Silke F. Heiss
FOM Hochschule für Oekonomie &
Management
München, Deutschland

Sandra Sülzenbrück
Westfälische Hochschule
Gelsenkirchen, Deutschland

ISSN 2197-6708   ISSN 2197-6716   (electronic)
essentials
ISBN 978-3-662-71810-0   ISBN 978-3-662-71811-7   (eBook)
https://doi.org/10.1007/978-3-662-71811-7

Die Deutsche Nationalbibliothek verzeichnet diese Publikation in der Deutschen Nationalbibliografie; detaillierte bibliografische Daten sind im Internet über https://portal.dnb.de abrufbar.

© Der/die Herausgeber bzw. der/die Autor(en), exklusiv lizenziert an Springer-Verlag GmbH, DE, ein Teil von Springer Nature 2025

Springer ist ein Imprint der eingetragenen Gesellschaft Springer-Verlag GmbH, DE und ist ein Teil von Springer Nature.
Die Anschrift der Gesellschaft ist: Heidelberger Platz 3, 14197 Berlin, Germany

Wenn Sie dieses Produkt entsorgen, geben Sie das Papier bitte zum Recycling.

Was Sie in diesem *essential* finden können

- Einen Einblick in die aktuelle Debatte zu Generationenunterschieden in der Arbeitswelt
- Eine kritische Auseinandersetzung mit gängigen Ansätzen des Generationenmanagements
- Einen Überblick über unterschiedliche methodische Herangehensweisen zur Untersuchung von Generationenunterschieden sowie deren Erkenntnisse
- Aktuelle empirische Evidenz aus einer Untersuchung der Arbeitgeberattraktivität aus Sicht aller vier am deutschen Arbeitsmarkt vertretenen Generationen
- Empfehlungen für eine vorurteilsfreie HR-Praxis

Interessenkonflikt Die Autor*innen haben keine für den Inhalt dieses Manuskripts relevanten Interessenkonflikte.

Inhaltsverzeichnis

Einleitung

1

In den Medien und sozialen Online-Netzwerken wird viel über Generationen-unterschiede im Berufsleben diskutiert. Dabei steht zurzeit häufig die Generation Z im Fokus, der nachgesagt wird, ganz andere Erwartungen und Einstellungen zu haben, als ihre Vorgängergenerationen. So fragen mehrere Schlagzeilen, ob die Generation Z für verschiedene Veränderungen in der Wirtschaft verantwort-lich ist: „Gefährdet die Generation Z den deutschen Wohlstand?" (Bäuml, 2024), „Zerstört die Gen Z die Arbeitswelt?" (ZDF, 2024), „Wohlstandsgefährdung oder Chance?" (SWR, 2024) oder auch „Rettet die Gen Z die Arbeitswelt?" (Ritzer & Würminghausen, 2024). Andere warnen vor einem „Kündigungs-Alarm bei der Gen Z!" (FOCUS, 2025). Die BILD ist sich hingegen sicher: „Generation Z ist zu faul" (Niehus, 2024) und schreibt von der „Generation Hängematte" (Hormess, 2024).

Auch wenn es in der öffentlichen Diskussion gegensätzliche Positionen gibt, ob die Generation Z nun Chance oder Risiko für die zukünftige Arbeitswelt ist, so sind sich die meisten Stimmen doch einig, dass hier eine Generation von Arbeitskräften die Bühne betritt, die anders als ihre Vorgängergenerationen ist. Dieser „Hype" um die Generation Z führt dazu, dass der Markt für Beratungs-angebote boomt, die Unternehmen die Geheimnisse der Gewinnung, Bindung und Motivation dieser „besonderen" Generation verraten (wollen). „Expertinnen" und „Experten" für ein Generation Z-spezifisches Employer Branding bieten ver-meintliche Lösungen, wie die speziellen Bedürfnisse der jüngsten Beschäftigten-Generation erfüllt werden können. Dadurch sollen Unternehmen attraktive Arbeitgeber für diese Zielgruppe werden und einen Vorteil im Kampf um die be-gehrten Fachkräfte erlangen.

Der sogenannte War for Talents zur Gewinnung der jüngsten Arbeit-nehmenden-Generation wird aufgrund des demografischen Wandels besonders

K. Sachse et al., *Arbeitgeberattraktivität aus Sicht der Generationen*, essentials, https://doi.org/10.1007/978-3-662-71811-7_1

intensiv geführt. Weniger junge Menschen stehen zur Verfügung, um die altersbedingt frei werdenden Positionen der geburtenstarken Jahrgänge in Organisationen zu füllen. So stehen in Deutschland aktuell etwa 4,5 Mio. Erwerbspersonen zwischen 15 und 25 Jahren fast 10 Mio. Erwerbspersonen zwischen 55 und 65 Jahren gegenüber (Statistisches Bundesamt, 2025). Auch Ausbildungsplätze bleiben unbesetzt, da das Angebot der Unternehmen größer ist als die Anzahl der jungen Menschen, die eine Ausbildung beginnen (Bundesministerium für Bildung und Forschung, 2024). Vor diesem Hintergrund scheint es plausibel, dass die jüngste Generation am Arbeitsmarkt besonders anspruchsvoll bei der Wahl ihres Arbeitgebers sein kann. Zudem könne sie es sich vermeintlich erlauben, weniger leistungsorientiert zu sein, da die Unternehmen sie aus Mangel an verfügbaren Arbeitskräften dennoch beschäftigen. Den Unternehmen bliebe demnach gar nichts anderes übrig, als sich den (überzogenen?) Forderungen der Generation Z zu beugen und ihnen Bedingungen zu schaffen, die ihren Bedürfnissen entsprechen. Manche sehen darin, wie die Generation Z den „Arbeitsmarkt aufmischt", gar eine „Revolution" (Luck, 2025).

Doch haben die Mitglieder der Generation Z wirklich so besondere Ansprüche an ihre Arbeitgeber? Wir werden mit unserer Studie klären, ob sich die Generationen darin unterscheiden, was einen Arbeitgeber für sie attraktiv macht.

Wir möchten durch unsere Untersuchung mehr Evidenz in die Debatte einbringen. Zunächst erläutern wir die Relevanz der Arbeitgeberattraktivität. Danach geben wir einen Überblick über das Generationenkonzept und die gängige Einteilung. Wir konzentrieren uns auf Ansätze und Studien, die Generationen in der (deutschen) Arbeitswelt zum Gegenstand haben. Dabei ist es nicht unser Ziel, eine vollständige Analyse der theoretischen Generationendebatte durchzuführen. Wir gehen jedoch darauf ein, welche verschiedenen Positionen innerhalb der Wissenschaft existieren.

Den Schwerpunkt unseres Buches bildet eine umfangreiche empirische Untersuchung der Arbeitgeberattraktivitätsfaktoren. Wir wählen dabei einen neuen methodischen Zugang, indem wir nicht einfach die Mitglieder aller vier am deutschen Arbeitsmarkt vertretenen Generationen (von Baby Boomer bis Z) nach der Wichtigkeit verschiedener Arbeitgebermerkmale fragen, die dann miteinander verglichen werden, sondern klären stattdessen mittels eines regressionsanalytischen Ansatzes, welche Faktoren dazu beitragen, dass Beschäftigte ihrem Arbeitgeber positiv gegenüberstehen und prüfen, ob sich die Bedeutung der verschiedenen Faktoren zwischen den Generationen unterscheidet. Wir bestimmen also statistisch, welche Merkmale die Arbeitgeberattraktivität besonders gut vorhersagen und ob die Gewichtung der Merkmale von der Generationszugehörigkeit abhängt. Unseres Wissens nach gibt es aktuell in Deutschland keine Studie mit einem vergleichbaren Ansatz, die mögliche Unterschiede in der Vorhersage der Arbeitgeberattraktivität zwischen den Generationen untersucht hat.

Zum Abschluss des Buches werden wir nach einer theoretischen und methodischen Einordnung die Erkenntnisse der Untersuchung nutzen, um Empfehlungen für das Personalmanagement zu geben. Dabei werden wir Maßnahmen vorschlagen, die für Mitglieder aller Generationen geeignet scheinen, die Attraktivität des Arbeitgebers zu fördern.

Zusammenfassung

Arbeitgeberattraktivität gilt als Schlüssel zum Erfolg im Wettbewerb um qualifizierte Arbeitskräfte. Wird der Nutzen einer Beschäftigung bei einer bestimmten Organisation, bestehend aus instrumentellen (z. B. Entgelt, Arbeitsbedingungen) und symbolischen Merkmalen (z. B. Image, Werte), als hoch wahrgenommen, trägt dies maßgeblich zur Stärkung der Arbeitgebermarke bei. Unternehmen, die sich als attraktive Arbeitgeber positionieren, können dadurch Talente gewinnen und langfristig binden, was die Fluktuation reduziert und die Leistungsbereitschaft der Mitarbeitenden stärkt. Ob und inwieweit generationsspezifische Maßnahmen zur Förderung der Arbeitgeberattraktivität erforderlich sind, wird kontrovers diskutiert.

Als Arbeitgeberattraktivität wird der Nutzen bezeichnet, den (potenzielle) Arbeitnehmende darin sehen, für ein bestimmtes Unternehmen zu arbeiten (Berthon et al., 2005). Unbestritten ist, dass die Arbeitgeberattraktivität für Unternehmen von großer Relevanz ist, um Mitarbeitende zu gewinnen und zu halten. Trotz konjktureller Schwächen gibt es in vielen Unternehmen einen Arbeits- und Fachkräftemangel (Bundesagentur für Arbeit, 2024). In einer regelmäßigen Befragung von Recruiterinnen und Recruitern gaben Ende 2024 74 % an, dass sie Schwierigkeiten haben, genügend Kandidatinnen und Kandidaten für offene Stellen zu finden. Als Grund für die Probleme wird u. a. die Konkurrenz durch andere Arbeitgeber genannt (Stepstone, 2025). Auch eine hohe Wechselbereitschaft erschwert Unternehmen die Personalsicherung. Zahlen einer Befragung von über 3000 sozialversicherungspflichtig Beschäftigten zeigen, dass über ein Drittel offen für einen Arbeitgeberwechsel ist (forsa & XING, 2025). Fluktuation führt zu Kapazitätsengpässen, höherer Arbeitsbelastung für die verbleibenden Mitarbeitenden und hohen Kosten durch die Neubesetzung der offenen Stellen (Gaedke & Sachse, 2025). Um wettbewerbsfähig zu bleiben, ist daher die gezielte Mitarbeitergewinnung und -bindung essenziell.

Um sich als „Great Place to Work" im Kampf um Mitarbeitende zu positionieren, setzen Unternehmen Employer Branding ein (Ewing et al., 2002). Employer Branding bezieht sich auf den strategischen Prozess und die Gesamtheit der Maßnahmen, mit denen ein Unternehmen sein Image als attraktiver Arbeitgeber aktiv gestaltet und an aktuelle und potenzielle Mitarbeitende kommuniziert (Berthon et al., 2005). Nach innen wirkt die Arbeitgebermarke als Identifikationspunkt, der die Loyalität und damit die Bindung der Mitarbeitenden sichert. Nach außen dient sie als Orientierung für Stellensuchende und kann dafür sorgen, dass die passenden Kandidaten und Kandidatinnen angezogen werden (Esch & Eichenauer, 2019).

Arbeitgeberattraktivität beschreibt die von (potenziellen) Mitarbeitenden wahrgenommenen und erhofften Vorteile einer Beschäftigung im Unternehmen. Sie wird als Ergebnis dieser Branding-Maßnahmen verstanden. Je attraktiver ein Unternehmen als Arbeitgeber wahrgenommen wird, desto stärker ist seine Employer Brand (Berthon et al., 2005). Eine hohe Arbeitgeberattraktivität hat zahlreiche positive Effekte für Unternehmen, wie eine systematische Sichtung vorhandener Studien von Dassler et al. (2022) zeigt. Demnach lassen sich Hinweise auf eine bessere Performanz sowie eine positivere Einstellung zur Arbeit finden. Außerdem sind bei hoher Arbeitgeberattraktivität die Fluktuation und die Kündigungsbereitschaft geringer sowie die Bereitschaft höher, positive Mund-zu-Mund-Propaganda über das Unternehmen zu verbreiten. Somit helfen Beschäftigte, die ihren Arbeitgeber für attraktiv halten, bei der Sicherung der personellen Ressourcen.

Für die erfolgreiche Gestaltung der Employer Brand ist es notwendig, Faktoren zu identifizieren, die aus Sicht der (potenziellen) Mitarbeitenden besonders attraktiv sind, für diese also einen hohen Nutzen versprechen. Dabei wird zwischen symbolischen und instrumentellen Merkmalen unterschieden (Backhaus & Tikoo, 2004; Lievens & Highhouse, 2003; Lohaus & Rietz, 2020). Unter instrumentellem Nutzen werden „Aspekte der Tätigkeit und der Organisation, aus denen Beschäftigte einen direkten, häufig auch materiellen Nutzen ziehen können" verstanden (Lohaus & Rietz, 2020, S. 89). Dazu zählen das Entgelt, Arbeitszeitmodelle sowie Arbeitsinhalte und -bedingungen. Der symbolische Nutzen resultiert aus dem Image, dem Prestige und der Seriosität eines Unternehmens. Hierbei wird angenommen, dass sich Menschen Arbeitgeber mit einem hohen Ansehen suchen, deren Werte mit den eigenen übereinstimmen (Lohaus &

Rietz, 2020). Backhaus und Tikoo (2004) sehen in symbolischen Merkmalen die Möglichkeit für Unternehmen, sich von Wettbewerbern abzuheben, da Unterschiede zwischen den instrumentellen Merkmalen oft nur gering seien. So sind in Deutschland Arbeitszeitregelungen gesetzlich vorgegeben. Auch das Gehalt bewegt sich – zumindest bei tarifvertraglich gebundenen Unternehmen – nur in bestimmten Grenzen. Nach Lievens und Highhouse (2003) sind symbolische Aspekte vor allem bei der Entscheidung zur Bewerbung relevant, da sich Unternehmen für Außenstehende hauptsächlich in ihren symbolischen Merkmalen unterscheiden. Für Mitglieder eines Unternehmens sind hingegen die instrumentellen Aspekte für eine hohe Arbeitgeberattraktivität entscheidender. Symbolische Aspekte hätten jedoch auch für die Mitarbeitenden einen inkrementellen Nutzen, der über den instrumentellen Nutzen hinausgeht. Arbeitgeber sollten demnach sowohl auf instrumentelle als auch symbolische Aspekte achten, um für ihre Beschäftigten attraktiv zu sein. Die Ergebnisse einer deskriptiven Metastudie von Lohaus et al. (2013), in die Untersuchungen aus dem deutschsprachigen Raum eingegangen sind, deuten ebenfalls darauf hin, dass instrumentelle Faktoren wie die Arbeitsaufgabe und -atmosphäre, Karrieremöglichkeiten sowie Entgelt wichtiger sind als symbolische Aspekte.

In der Praxis wird vielfach angenommen, dass verschiedene Generationen unterschiedliche Aspekte der Arbeitgeberattraktivität als wichtig erachten und es werden Empfehlungen für ein Generationenmanagement in der Personalarbeit ausgesprochen (Einramhof-Florian, 2022; Klaffke, 2022a). Aus wissenschaftlicher Perspektive gibt es jedoch keine eindeutige Evidenz, ob generationsspezifische Maßnahmen sinnvoll und nötig sind. Zum einen gibt es eine generelle Kritik an der Einteilung von Menschen verschiedenen Alters in künstlich definierte Generationen. Zum anderen gibt es Zweifel, ob sich diese Generationen darin unterscheiden, welche Bedürfnisse und Anforderungen sie an ihren Arbeitgeber stellen. Wir werden im Folgenden das gängige Generationenkonzept erläutern und anschließend auf die wissenschaftliche Kritik daran eingehen, bevor wir unsere Untersuchung der Arbeitgeberattraktivität aus Sicht der Generationen vorstellen.

Generationen in der Arbeitswelt

3

Zusammenfassung

Das Kapitel führt in populäre Kohortentheorien ein, mit denen Unterschiede zwischen den Generationen in Arbeitseinstellungen, Werten und Motivationsfaktoren erklärt werden sollen. Es werden die in Deutschland üblichen Generationen – Baby Boomer, Generation X, Millennials und Generation Z – samt ihrer spezifischen Merkmale vorgestellt. Dabei wird herausgestellt, dass trotz Überschneidungen in zentralen Aspekten wie Einkommen, Work-Life-Balance und Handlungsspielraum auch generationsbezogene Unterschiede diskutiert werden. Es wird jedoch meist nicht geklärt, ob beobachtete Unterschiede tatsächlich generationsbedingt oder vielmehr Lebensphaseneffekte sind.

In der populären Managementliteratur werden häufig Kohortentheorien herangezogen, um Unterschiede zwischen Generationen in Bezug auf Arbeitseinstellungen, Wertvorstellungen und Motivationsfaktoren zu erklären. Hierbei werden Generationen anhand ihres Geburtsjahres gebildet. Es wird angenommen, dass das Erleben bestimmter historischer Ereignisse (wie die Anschläge auf das World Trade Center, 2001) oder gesellschaftlicher Veränderungen (etwa die Verbreitung von Social Media) in der Jugend zu geteilten Einstellungen und Werten innerhalb der Generation führen, die diese dann von anderen Generationen unterscheiden (Einramhof-Florian, 2022; Lyons & Kuron, 2014; Ravid et al., 2024; Ryder, 1985).

In Deutschland werden typischerweise die Generationen der Baby Boomer (1956–1964), Generation X (1965–1980), Generation Y bzw. Millenials (1981–1995) und Generation Z (1996–2010) unterschieden, denen jeweils spezifische Charakteristika zugeschrieben werden (Klaffke, 2022a). Daraus werden Hinweise

© Der/die Autor(en), exklusiv lizenziert an Springer-Verlag GmbH, DE, ein Teil von Springer Nature 2025
K. Sachse et al., *Arbeitgeberattraktivität aus Sicht der Generationen*, essentials, https://doi.org/10.1007/978-3-662-71811-7_3

abgeleitet, was den Generationsmitgliedern bei der Arbeit besonders wichtig sei. Für Baby Boomer seien etwa Sicherheit, Einkommen, Work-Life-Balance, Identifikation mit der Arbeit, Handlungsspielraum sowie Gesundheit und Anerkennung besonders relevant. Der Generation X käme es u. a. auf Sicherheit, Lebensqualität, soziale Kontakte, Gerechtigkeit, Work-Life-Balance, Handlungsspielraum, Einkommen, familienfreundliche Personalpolitik und Weiterbildung an (Oertel, 2022). Für die Generation Y zählten Anerkennung, Einkommensgerechtigkeit, Handlungsspielraum, Work-Life-Balance, soziale Kontakte und individuelle Bedeutsamkeit zu den relevanten Aspekten, die einen Arbeitgeber attraktiv machen (Einramhof-Florian, 2022; Klaffke, 2022b). Und für die Generation Z wird vermutet, dass bei ihnen ein sicherer Arbeitsplatz, materielle Absicherung, gutes soziales Klima, Handlungsspielraum, Work-Life-Balance, Freude an der Arbeit und Karriere im Vordergrund stehen (Einramhof-Florian, 2022; Klaffke, 2022b; Parment, 2023a). Dabei fällt auf, dass es eine Reihe von gleichen Nennungen (z. B. Einkommen, Work-Life-Balance, Handlungsspielraum) bei den angeblich generationsbezogen wichtigen Attraktivitätsfaktoren gibt. Es scheint also Aspekte zu geben, die eine universelle Bedeutung haben und generationenübergreifend die Attraktivität des Arbeitgebers ausmachen. Andere Aspekte wie Karriere- und Weiterbildungsmöglichkeiten sowie Familienfreundlichkeit werden hingegen als für einzelne Generationen wichtiger benannt als für andere.

Daraus wird abgeleitet, dass Mitglieder verschiedener Generationen durch unterschiedliche Maßnahmen motiviert werden können (Czerwińska-Lubszczyk & Jankowiak, 2025). Nach Mahmoud et al. (2020) sind Mitglieder der Generation Z stärker durch extrinsische materielle Anreize, wie finanzielle Belohnungen oder Jobsicherheit, zu motivieren als die Mitglieder der Generationen X und Y. Andererseits sei aber auch der Effekt der intrinsischen Motivation bei der Generation Z größer als bei den beiden anderen. Die jüngsten Beschäftigten ließen sich demnach stärker durch Freude und Interesse an der Tätigkeit motivieren als die beiden älteren untersuchten Generationen. Mitglieder der Baby Boomer Generation wurden in dieser Studie nicht untersucht.

Allerdings ist unklar, ob solche Unterschiede wirklich an der Generationszugehörigkeit liegen oder ob Lebensphaseneffekte dafür verantwortlich sind. Im nächsten Kapitel werden wir auf Kritik an der typischen Generationeneinteilung eingehen und erläutern, warum Aussagen zu Unterschieden zwischen den Generationen oft auf methodischen Problemen der Studien basieren.

Kritik an der gängigen Generationeneinteilung

4

Zusammenfassung

Die gängige Einteilung von Generationen in Baby Boomer, X, Y und Z, die sich an Geburtsjahren und vermeintlich geteilten historischen Erfahrungen in der Jugend orientiert, wird in der Wissenschaft kritisiert. Dabei werden sowohl Schwächen in der theoretischen Fundierung als auch methodische Probleme diskutiert, welche die Validität von überdauernden Merkmalszuschreibungen zu bestimmten Generationen infrage stellen.

Bei der im vorherigen Kapitel dargestellten Kohortentheorie erfolgt die Generationeneinteilung nach Geburtsjahren. Dabei wird angenommen, dass etwa alle 15 Jahre eine neue Generation die Bühne betritt, deren Mitglieder aufgrund geteilter Erfahrungen in der Jugend ähnliche Einstellungen und Werte haben. Diese würden zeitüberdauernd die Einstellungen zur Arbeit und zum Arbeitgeber beeinflussen.

Aus wissenschaftlicher Perspektive wird diese alltagspsychologisch durchaus nachvollziehbare Annahme nur bedingt geteilt. So wird unter anderem kritisiert, dass die 15-Jahres-Phasen zur Einteilung der Generationen beliebig sind und keine theoretische Basis haben. Es erscheint unplausibel, dass ein 1995 geborenes Mitglied der Generation Y mehr Gemeinsamkeiten mit einem 1981 geborenen Mitglied derselben Generation haben sollte als mit einem ein Jahr später (1996) geborenen Vertreter der Generation Z. Ein weiteres Problem besteht darin, dass in der Literatur keine Einigkeit in der Zuordnung der Geburtsjahre herrscht, die eine Generation von der anderen abgrenzen. Ravid et al. (2024) fanden in einer umfassenden Recherche von Studien Abweichungen von bis zu fünf Jahren bei der Einteilung der Generationen.

© Der/die Autor(en), exklusiv lizenziert an Springer-Verlag GmbH, DE, ein Teil von Springer Nature 2025
K. Sachse et al., *Arbeitgeberattraktivität aus Sicht der Generationen*, essentials, https://doi.org/10.1007/978-3-662-71811-7_4

Die Charakterisierung der Generationen basiert auf besonderen Ereignissen in deren jeweiliger Jugendphase. Dabei wird angenommen, dass diese Ereignisse auf alle Mitglieder einer Generation gleichermaßen wirken. Doch diese Annahme hat offensichtlich Schwächen. So ist es unplausibel, dass der Mauerbau 1961 und der Mauerfall 1989 die gleichen Auswirkungen auf junge Menschen in Ost- und Westdeutschland hatten. Selbst nach der Wiedervereinigung unterschieden sich die Lebenswelten in Ost- und Westdeutschland teilweise erheblich. Auch zwischen Stadt und Land gibt es Unterschiede (Antes et al., 2022). Dennoch werden aus einzelnen Ereignissen oder Phänomenen pauschale Zuschreibungen für eine ganze Generation abgeleitet.

Die Generation Z sei beispielsweise durch die Corona-Pandemie, den russischen Angriffskrieg in der Ukraine, eine Polarisierung der Gesellschaft sowie Urbanisierung und Digitalisierung geprägt (Parment, 2023c). Daraus erwachse eine Verunsicherung, aber auch die Bereitschaft, Verantwortung zu übernehmen (Schnetzer et al., 2024). Gleichzeitig sei diese Generation aber auch weniger verantwortungsbereit als ihre Vorgänger (Parment, 2023b). Schröder (2018) zeigt ähnliche Widersprüchlichkeiten auch für die Zuschreibungen der Charakteristika der Generation Y auf. Aus denselben prägenden Ereignissen werden unterschiedliche, teils gegenteilige Merkmale abgeleitet. Daher scheint es sinnvoll, die Einstellungen und Haltungen durch Befragungen der Generationen zu ermitteln.

Vergleiche zwischen den Generationen sind jedoch eingeschränkt, da Befragungsstudien verschiedene methodische Probleme aufweisen. Aussagen über die Besonderheiten der Generation Z beruhen meist auf Jugendstudien, bei denen junge Menschen in einer Lebensphase befragt werden, in der ihre Sozialisation noch gar nicht abgeschlossen ist. Beispiele sind die 19. Shell Jugendstudie (Albert et al., 2024), die McDonald´s Ausbildungsstudie (Köcher et al., 2019), die Trendstudie Jugend in Deutschland (Schnetzer et al., 2024) und die 5. SINUS-Jugendstudie (Calmbach et al., 2024). Zudem haben die meisten Befragten zu dieser Zeit keine Berufserfahrung oder befinden sich noch in der Ausbildung (Drescher & Warszta, 2021) oder im Studium (Losekam & Lipova, 2022), sodass Aussagen über die Wichtigkeit von Arbeitgebermerkmalen mit Vorsicht interpretiert werden sollten. Erkenntnisse zur Generation Y, die inzwischen im Berufsleben angekommen ist, deuten darauf hin, dass sich die Prioritäten nach dem Berufseintritt ändern (Klaffke, 2022b). Daher scheint es auch nicht zielführend, aus den Erkenntnissen der Jugendstudien Empfehlungen für Arbeitgeber abzuleiten, durch welche Maßnahmen die Generation Z besonders gut zu gewinnen und zu binden sei.

Die Erfassung aktueller Ansichten junger Menschen ist wichtig, um ein Gespür für ihre Sorgen und Bedürfnisse zu erhalten. Diese Ansichten jedoch für

Vergleiche mit älteren Generationen zu nutzen, um daraus Besonderheiten der jeweiligen Generation abzuleiten, ist problematisch. Werden Mitglieder verschiedener Generationen zu einem Zeitpunkt befragt, ist die Generationszugehörigkeit untrennbar mit dem Alter verbunden. Somit ist unklar, ob sich mögliche Unterschiede in den Ansichten durch die Generation oder durch das Alter bzw. die Lebensphase erklären lassen. Beispielsweise zeigen Ergebnisse von Parment (2023a), dass 49 % der befragten Baby Boomer (heute zwischen 61 und 68 Jahren alt) kein Interesse daran haben, eine eigene Firma zu gründen. Bei der Generation Z (aktuell 15 bis 29 Jahre alt) äußerten nur 24 %, dass sie daran nicht interessiert seien. Diesen Unterschied allein auf die Spezifika der jeweiligen Generationen zurückzuführen, scheint unangebracht. Vielmehr ist es plausibel, dass Menschen in der Endphase ihres Berufslebens weniger berufliche Ambitionen haben als Menschen, die gerade in die Arbeitswelt einsteigen.

Aufgrund der untrennbaren Vermischung von Alter und Generationszugehörigkeit bei Querschnittsdesigns erscheint es als sinnvolle Alternative, Ansichten von Menschen zu vergleichen, die zum Zeitpunkt der Befragung im gleichen Alter waren. Dies ist bei Panel-Studien möglich. Eine Panelstudie ist eine Form der Längsschnittstudie, bei der dieselben Individuen, Haushalte oder Unternehmen über einen längeren Zeitraum hinweg wiederholt befragt werden. So lassen sich Aussagen aus verschiedenen Messzeitpunkten vergleichen. Schröder (2018) nutzte für einen solchen Vergleich Daten des Sozio-oekonomischen Panels (SOEP), einer repräsentativen, jährlichen Wiederholungsbefragung privater Haushalte in Deutschland (DIW, o. J.). Er verglich Antworten von Personen, die zum Zeitpunkt der Befragung zwischen 18 und 25 Jahren alt waren. So waren das beispielsweise im Befragungsjahr 1985 die Mitglieder der Baby Boomer Generation, im Jahr 2000 die Mitglieder der Generation X und im Jahr 2015 die Mitglieder der Generation Y. Damit wird das Alter konstant gehalten, während sich die Generation ändert. Allerdings bleiben bei einem solchen Vergleich Periodeneffekte unberücksichtigt. Periodeneffekte bezeichnen Veränderungen, die unabhängig vom Alter oder der Geburtskohorte auftreten und die gesamte Bevölkerung zu einem bestimmten Zeitpunkt beeinflussen. Sie resultieren aus zeitlich begrenzten gesellschaftlichen, politischen oder wirtschaftlichen Ereignissen, die Einstellungen oder Verhaltensweisen über alle Altersgruppen hinweg beeinflussen können, beispielsweise die Corona-Pandemie. Lassen sich Unterschiede zwischen den Generationen in einem Längsschnittdesign nachweisen, könnten diese daher auch aus dem Zeitgeist zum Befragungszeitpunkt resultieren.

Dieses Problem wohnt den o. g. Jugendstudien inne. Werden die Ansichten von Jugendlichen über verschiedene Befragungszeitpunkte hinweg verglichen, können mögliche Unterschiede allein dadurch erklärt werden, dass sich die allgemeine Einstellung in der Bevölkerung geändert hat – unabhängig von der Geburtskohorte. Unterschiedliche Aussagen in den Shell Jugendstudien von 2010 (Albert et al., 2010) und 2024 (Albert et al., 2024) könnten demnach nicht nur darauf zurückgeführt werden, dass die Generation Y anders ist als die Generation Z. Sie könnten genauso durch Unterschiede im Zeitgeist erklärt werden, der im Jahr der Befragung in der Gesellschaft vorherrschte.

Schröder (2018) berücksichtigte den Befragungszeitpunkt in seinen statistischen Analysen und konnte zeigen, dass sich die beobachteten Veränderungen in den Einstellungen größtenteils durch allgemeine gesellschaftliche Trends (Periodeneffekte) erklären lassen. Unter Einbezug dieser Effekte zeigten sich kaum signifikante Unterschiede zwischen den Generationen. Schröder (2018) schlussfolgert daher, dass die pauschalen Zuschreibungen von Einstellungen und Verhaltensweisen an bestimmte Generationen eher „gesellschaftliche Mythen als tatsächliche Generationenunterschiede" sind (S. 492).

Weitere Darstellungen der Kritik an den gängigen Generationenkonzepten finden sich u. a. bei Costanza et al. (2020, 2023), Rudolph et al. (2021) und Schmidt et al. (2020).

Trotz der aufgezeigten Probleme gibt es auch Stimmen, die Generationen für eine sinnvolle Kategorisierung halten, um dadurch Unterschiede in der Einstellung zur Arbeit zu erklären und etwa Empfehlungen für ein zielgruppenorientiertes Employer Branding abzuleiten (Campbell et al., 2015; Einramhof-Florian, 2022; Joshi et al., 2011; Klaffke, 2022a; Lyons et al., 2015; Twenge et al., 2010). Im nächsten Kapitel werden wir auf den aktuellen Forschungsstand zu Generationen in der Arbeitswelt eingehen, um die bisher vorhandene Evidenz zu beleuchten.

Bisherige Forschung zu Generationenunterschieden in der Arbeitseinstellung

5

Inhaltsverzeichnis

Zusammenfassung

Das Kapitel gibt einen Überblick über den aktuellen Forschungsstand zu Generationenunterschieden in Bezug zu arbeitsrelevanten Einstellungen. Dabei werden Ergebnisse von Untersuchungen mit unterschiedlichen Studiendesigns berücksichtigt (Meta-Analysen, Querschnitts- und Längsschnittdesigns). So sollen die Probleme der Vermischung von Alter, Berufslebensphase und Generation als Einflussfaktoren aufgezeigt werden. Neben internationalen Studien werden deutschsprachige Untersuchungen gesondert vorgestellt, um einen Einblick in den hiesigen Arbeitsmarkt zu ermöglichen. Dabei zeigt sich, dass es Forschungslücken gibt, u. a., weil die Generation Z in den bisherigen Untersuchungen nicht als Berufstätige berücksichtigt wurden.

Bei der Darstellung des aktuellen Stands der Forschung fokussieren wir uns auf Studien, bei denen das Ziel war, mögliche Generationenunterschiede in der Bedeutung arbeitsrelevanter Merkmale festzustellen. Zentral sind dabei sogenannte Arbeitswerte, also die relative Erwünschtheit verschiedener Aspekte der Arbeit wie Bezahlung, Arbeitsinhalte und -bedingungen (Lyons & Kuron, 2014).

Arbeitgeber, die diese Werte erfüllen, sind für potenzielle und vorhandene Mitarbeitende interessanter, besitzen also eine höhere Arbeitgeberattraktivität (Berthon et al., 2005). Zudem haben wir nur Studien ausgewählt, in denen Mitglieder verschiedener Generationen gleichzeitig untersucht wurden, da nur so erkannt werden kann, ob es zu einem bestimmten Zeitpunkt Unterschiede zwischen ihnen gibt.

Studien, die Gemeinsamkeiten oder Unterschiede zwischen den Generationen direkt nachweisen möchten, stehen vor den zuvor geschilderten methodischen Herausforderungen. Die Generationszugehörigkeit ist untrennbar mit dem Alter verknüpft, wenn Mitglieder verschiedener Generationen zu einem bestimmten Zeitpunkt untersucht werden. Lassen sich in Querschnittstudien Unterschiede in arbeitsrelevanten Merkmalen nachweisen, könnten diese also auch dadurch erklärt werden, dass in unterschiedlichen Altersbereichen unterschiedliche Aspekte relevant sind. Zudem befinden sich verschiedene Altersgruppen typischerweise in unterschiedlichen Berufslebensphasen. Junge Menschen bis etwa 25 Jahre, also aktuell die Mitglieder der Generation Z, befinden sich in der sogenannten Explorationsphase (Super, 1980). Diese dient der Entwicklung, Spezifizierung und Umsetzung des beruflichen Selbstkonzepts, wobei Jugendliche und junge Erwachsene durch verschiedene Erfahrungen und Tätigkeiten ihre beruflichen Interessen erkunden, eine berufliche Identität formen und schließlich eine berufliche Entscheidung treffen (Hartung, 2013). Daran schließt sich die Phase der Etablierung an, die etwa im Alter von 25 bis 44 Jahren durchlaufen wird (Super, 1980). Aktuell befinden sich in dieser Phase hauptsächlich Mitglieder der Generation Y. Die Etablierungsphase umfasst die Stabilisierung, Konsolidierung und Weiterentwicklung des beruflichen Selbstkonzepts und der Karriere, indem sich Individuen in ihrer Position einfinden, ihre Leistungsfähigkeit und Anpassung unter Beweis stellen und gegebenenfalls Aufstiegsmöglichkeiten nutzen, um sowohl berufliche Sicherheit als auch eine sinnstiftende Tätigkeit zu erreichen (Hartung, 2013). Ab 45 Jahren beginnt die Phase der Erhaltung (Super, 1980), in der sich nach der aktuellen Generationeneinteilung Mitglieder der Generation X sowie der Baby Boomer befinden. In dieser Phase streben Berufstätige danach, das zuvor entwickelte und etablierte berufliche Selbstkonzept zu festigen, wobei sie durch unterschiedliche Strategien entweder ihre Position sichern, ihre Fähigkeiten aktualisieren oder innovative Arbeitsweisen entwickeln, um berufliche Stagnation und Unzufriedenheit zu vermeiden (Hartung, 2013). Ab 65 Jahren beginnt die Rückzugsphase vom Berufsleben in den Ruhestand (Super, 1980), wobei die Arbeitsbelastung reduziert wird und der Fokus weg von der beruflichen Rolle hin zu Familie und Freizeit wechselt (Hartung, 2013). In dieser Phase befindet sich aktuell ein Teil der Baby Boomer Generation.

Die Generationszugehörigkeit ist also nicht nur untrennbar mit dem Alter verknüpft, sondern auch mit verschiedenen Phasen in der Selbstkonzeptentwicklung sowie mit unterschiedlichen Positionen innerhalb der beruflichen Laufbahn, wenn Menschen zu einem bestimmten Zeitpunkt zu ihren Arbeitseinstellungen befragt werden. Mögliche Generationenunterschiede könnten daher auch durch die spezifischen Entwicklungsaufgaben innerhalb einer Berufslebensphase erklärt werden. Dies gilt es bei der Interpretation von Studienergebnissen zu berücksichtigen.

5.1 Internationale Forschungsergebnisse

Trotz der geschilderten Problematik sind Querschnittstudien das am häufigsten gewählte Design bei Untersuchungen generationaler Unterschiede, wie eine aktuelle Meta-Analyse von Ravid et al. (2024) zeigt. In dieser wurden 140 Studien mit 143 unabhängigen Stichproben, bei denen mindestens zwei Generationen direkt miteinander verglichen wurden, analysiert. Enthalten sind Studien, die bis Oktober 2022 verfügbar waren. Bei den Generationen handelt es sich um die Traditionalisten (ca. 1928–1945), Baby Boomer (ca. 1946–1964), Generation X (ca. 1965–1980) und Millenials bzw. Generation Y (ca. 1981–1996). Die Zuordnungen der Geburtsjahre zu den Generationen entsprechen den US-amerikanischen Einteilungen, weichen aber innerhalb der eingeschlossenen Studien um $\pm$ 5 Jahre voneinander ab. Die Generation Z ist bei den berichteten Analysen noch nicht enthalten, da sie zu den Zeiten, in denen die Untersuchungen durchgeführt wurden, noch zu jung waren, um am Arbeitsmarkt teilzunehmen.

Die Ergebnisse zeigen, dass es kaum praktisch bedeutsame Unterschiede zwischen den Generationen gibt. Hinsichtlich der untersuchten Arbeitswerte zeigen sich lediglich kleine signifikante Unterschiede bei extrinsischen bzw. instrumentellen Werten wie Einkommen, Sicherheit und Benefits (Cohen´s d > ,2, < ,5). Dabei sind die Werte für die Generationen X und Y höher als für die Baby Boomer, den Jüngeren sind diese Aspekte demnach wichtiger als den Älteren. Bei allen anderen Arbeitswerten gab es keine Unterschiede zwischen den untersuchten Generationen. Hierbei wurde zwischen intrinsischen Werten, wie Autonomie und Weiterentwicklung, sozialen und altruistischen Werten, wie Beziehungen und gesellschaftlichem Beitrag, sowie Status, also Prestige und Autorität, unterschieden. Es gibt demnach viel mehr Gemeinsamkeiten zwischen den Generationen als Unterschiede. Dabei macht es nach ergänzenden Moderationsanalysen keinen Unterschied, ob es sich um eine US-amerikanische Stichprobe handelt oder um Stichproben, die außerhalb der USA erhoben wurden. Zudem weist das Autorenteam darauf hin, dass aufgrund eines nachweisbaren Publication Bias sogar davon auszugehen ist, dass selbst die kleinen gefundenen Effekte zu einer Überschätzung der tatsächlichen Unterschiede führen, da Untersuchungen mit nicht-signifikanten Ergebnissen seltener veröffentlicht werden (Ravid et al., 2024).

Ergänzende Hinweise darauf, dass es kaum Generationenunterschiede in arbeitsbezogenen Einstellungen gibt, ergeben sich aus zwei Studien, die Cucina et al. (2018) durchgeführt haben. Dabei zeigte sich, dass nur 2 % der Varianz in den Werten durch die Generationszugehörigkeit aufgeklärt werden können und die Unterschiede innerhalb einer Generation 49-mal so groß sind, wie die zwischen Generationen.

5.2 Forschungsergebnisse im deutschsprachigen Raum

Für den deutschsprachigen Raum gibt es vereinzelte Untersuchungen, in denen Berufstätige verschiedener Generationen direkt gegenübergestellt wurden. Die meisten entsprechen jedoch nicht den wissenschaftlichen Anforderungen an eine transparente Darstellung der methodischen Vorgehensweise (z. B. Parment, 2023; Randstad, 2021), sodass deren Ergebnisse hier nicht berücksichtigt werden. Im Folgenden werden wir die Untersuchungen vorstellen, bei denen die Methodik nachvollziehbar war.

Lohaus und Rietz (2018) interviewten in einer qualitativen Untersuchung 64 Personen der Generationen Y, X und Baby Boomer zur Relevanz verschiedener Arbeitgeberattraktivitätsmerkmale. Mitglieder der Generation Z wurden in dieser Untersuchung nicht interviewt, da sich diese zum Zeitpunkt der Datenerhebung noch nicht im Berufsleben befanden. In allen drei befragten Generationen war das Entgelt ein wichtiger Faktor beim Wechsel des Arbeitgebers, aber auch die Arbeitsaufgabe wurde als wesentliches Merkmal genannt. Eine Gemeinsamkeit gab es auch bei der Wichtigkeit der Arbeitsatmosphäre im Team, die bei allen Generationen das wichtigste Argument zum Verbleib auf ihrer Stelle darstellte. Bei anderen Aspekten gab es Unterschiede. So legten Baby Boomer häufiger als die beiden jüngeren Generationen Wert auf eine gute Work-Life-Balance und Selbstbestimmung. Weiterbildung war der Generation X wichtiger als den Mitgliedern der beiden anderen Generationen, außerdem achteten sie mehr auf das Image ihres Arbeitgebers als die Generation Y. Lohaus und Rietz (2018) weisen darauf hin, dass die Ergebnisse aufgrund der kleinen Stichprobe, der Kürze der Interviews und der Fokussierung auf berufliche Aspekte nur ein eingeschränktes Bild liefern können. Sie geben jedoch Hinweise, welche Aspekte in welcher Berufslebensphase wichtig sind. Damit berücksichtigt ihre Argumentation die Annahmen der Laufbahntheorie von Super (1980), nach der Unterschiede in den Einstellungen zur Arbeit und relevanten Aspekten aufgrund verschiedener Entwicklungsaufgaben erklärbar sind.

Angeli (2018) untersuchte anhand einer österreichischen Stichprobe mit Mitgliedern der Generationen Baby Boomer, X und Y, wie verschiedene Arbeitgeberattraktivitätsfaktoren, die der Autor als „Generationen Management Maßnahmen" bezeichnet (S. 353), mit Outcome-Variablen wie Arbeitszufriedenheit, Identifikation, Bindung und emotionaler Erschöpfung zusammenhängen. Allerdings gibt es keine generationsspezifische Auswertung, sodass sich keine Erkenntnisse gewinnen lassen, ob es Unterschiede in den Effekten der Maßnahmen gibt. Zudem war auch hier die Generation Z noch nicht in der Stichprobe enthalten.

Wir haben nur eine Untersuchung von Stiglbauer et al. (2022) mit einer deutschen Stichprobe gefunden, in der alle vier aktuell am Arbeitsmarkt befindlichen Generationen untersucht wurden. Es zeigen sich bei einzelnen Arbeitswerten signifikante Unterschiede zwischen den Generationen. Mitglieder der beiden älteren Generationen (Baby Boomer und X) hatten ein höheres Bedürfnis nach Klarheit und Strukturierung als die beiden jüngeren (Y und Z). Den Jüngeren waren hingegen Geld, Karrieremöglichkeiten sowie Abwechslung wichtiger als den Älteren. Weitere Unterschiede gab es zwischen der Generation Z und X: hier waren der jüngsten Generation persönliche Entwicklung und soziale Beziehungen wichtiger als der Generation X. Zusatzanalysen zeigen jedoch, dass ein Teil der untersuchten Arbeitswerte davon abhängt, ob sich die Personen in einem Arbeitsverhältnis befinden oder noch in Ausbildung sind (Stiglbauer et al., 2022, Supplementary Material). Innerhalb der Gruppe der in Ausbildung befindlichen Personen sind vermutlich überwiegend Mitglieder der Generation Z (Angaben dazu fehlen). Daher können identifizierte Unterschiede teilweise durch die noch fehlende Berufserfahrung zustande kommen. Frühere Untersuchungen der Generation Y zeigen, dass sich die Ansichten zu arbeitsrelevanten Werten ändern, nachdem junge Menschen in das Berufsleben eingetreten sind (Klaffke, 2022b). Dies verdeutlicht die Problematik der untrennbaren Vermischung von Alter, Generation und (Berufs)Lebensphase bei querschnittlichen Designs.

5.3   Längsschnittstudien in der Generationenforschung

Ein Ansatz zur Lösung dieses Problems sind Längsschnittstudien, bei denen Mitglieder verschiedener Generationen über einen längeren Zeitraum wiederholt befragt werden. Dadurch kann analysiert werden, ob sich die Einstellungen von Generationen zeitstabil voneinander unterscheiden, indem Alterseffekte herausgerechnet werden können. Solche Studien sind aufwendig und daher selten. Schröder (2018) nutzte Daten des SOEP von über 80.000 Befragten aus Deutschland, um Aussagen zu bestimmten Einstellungen zwischen den Generationen zu vergleichen (vgl. Kap. 4). Bereinigt um Alters- und Periodeneffekte, zeigen sich nur wenige signifikante Unterschiede zwischen den Generationen. Der Generation X sind Selbstverwirklichung und beruflicher Erfolg etwas weniger wichtig als der Generation Y und den Baby Boomern. Hinsichtlich der Sorgen um den Arbeitsplatz gibt es keine Unterschiede zwischen den untersuchten Generationen. Auch in dieser Untersuchung war die Generation Z noch nicht berücksichtigt.

In einer weiteren Analyse nutzte Schröder (2024) Daten des Integrated Values Survey. In dieser Längsschnittstudie wurden zwischen 1981 und 2022 über 580.000 Menschen in 113 Ländern befragt. Hierbei wurde in den letzten Erhebungen auch die Generation Z befragt. Als zentrale Variable wurde untersucht, wie wichtig die Arbeit im Leben der Befragten ist. Die differenzierten Analysen zeigen, dass es keine Unterschiede zwischen den verschiedenen Generationen gibt, wenn dabei Alters- und Periodeneffekte kontrolliert werden. Zudem kann gezeigt werden, dass die Wichtigkeit der Arbeit in allen Generationen im Zeitverlauf abgenommen hat. Dies spiegelt sich auch bei den gewünschten Arbeitszeiten wider, wie eine andere Auswertung von SOEP-Daten zeigt. Demnach ist die präferierte wöchentliche Arbeitszeit über alle Altersgruppen hinweg in den vergangenen Jahren gesunken (Hammermann & Schäfer, 2024). Die jungen Menschen von heute wollen weniger arbeiten als früher, da sie zu einem Zeitpunkt gefragt wurden, an dem alle weniger arbeiten wollen als in vergangenen Zeiten. Dass junge Menschen heute vermeintlich fauler sind als junge Menschen früher, kann demnach durch Periodeneffekte erklärt werden.

Komplett gegen die Behauptung einer „faulen Generation Z" sprechen Auswertungen des Instituts für Arbeitsmarkt- und Berufsforschung (IAB; Hellwanger & Weber, 2025). Danach ist die Erwerbsbeteiligung der 20- bis 24-Jährigen nach 2015 um 6,2 Prozentpunkte gestiegen. Im Jahr 2015 befanden sich in dieser Altersgruppe ausschließlich Mitglieder der Generation Y. Mit dem Eintreten der Generation Z in diesen Altersbereich in den folgenden Jahren nahm die Erwerbsbeteiligung zu und lag im Jahr 2023 bei 75,9 % für diese Altersgruppe, dem höchsten Wert seit 1996. Rund ein Drittel der Beschäftigten zwischen 20 und 24 Jahren arbeitete 2023 in Teilzeit. Diese Quote ist nahezu identisch mit der Teilzeitquote bei den 25- bis 64-Jährigen. Besonders interessant ist, dass es sich bei diesen Ergebnissen nicht um Aussagen zu Arbeitseinstellungen oder Wünschen handelt, sondern um tatsächliche Beschäftigungszahlen. Diese stehen im Einklang mit den Erkenntnissen der von Schröder (2024) ausgewerteten Wertestudie, wonach ebenfalls keine Generationenunterschiede in der Einstellung zur Arbeit festgestellt wurden. Schröder (2024) betrachtete in diesen Analysen jedoch nicht nur Unterschiede zwischen Mitgliedern verschiedener Generationen, sondern auch die Veränderung im Verlauf des Lebens. Die Wichtigkeit der Arbeit steigt danach bis zu einem Alter von ca. 40 Jahren an und sinkt anschließend wieder ab, unabhängig von der Generationszugehörigkeit. Dabei ist die Differenz der Wichtigkeit der Arbeit innerhalb der Lebensspanne 15-mal größer als die Differenz zwischen zwei Generationen. Entsprechend schlussfolgert Schröder (2024) „Both age and period effects therefore predict the importance of work far better than any generational difference." (S. 904).

5.4 Fazit zur Studienlage: Generationenunterschiede in der Arbeitswelt sind eher ein Mythos

Bisherige empirische Untersuchungen zeigen allenfalls minimale Unterschiede zwischen verschiedenen Generationen hinsichtlich arbeitsrelevanter Einstellungen. In vielen der vorgestellten Untersuchungen war die Generation Z jedoch noch nicht enthalten, da sie erst seit wenigen Jahren am Arbeitsmarkt aktiv ist. In der einzigen von uns gefundenen generationenvergleichenden Untersuchung einer deutschen Stichprobe mit Mitgliedern der Generation Z (Stiglbauer et al., 2022), befand sich ein Teil der Befragten noch in Studium oder Ausbildung. Die Ergebnisse könnten daher verzerrt sein und sich nicht auf berufserfahrene Mitglieder dieser Generation übertragen lassen. Unternehmen haben noch wenig Erfahrung mit den Mitgliedern der Generation Z. Daher ist es nicht überraschend, dass diese „mysteriös" (Costanza et al., 2020, S. 35) erscheinen, woraus einerseits Unsicherheiten und Missverständnisse, andererseits aber auch ein Forschungsbedarf resultiert. Ob der Hype um die Generation Z (vgl. Kap. 1) gerechtfertigt ist, sollte empirisch beantwortet werden.

Wir wollen mit unserer Forschung einen evidenzbasierten Beitrag für mehr Klarheit leisten. Dafür untersuchen wir anhand einer Befragung, ob sich die Relevanz verschiedener Arbeitgeberattraktivitätsfaktoren zwischen den Generationen unterscheidet. Dabei berücksichtigen wir bewusst nur Berufstätige, damit die Einschätzungen auf echten Erfahrungen und nicht auf Wünschen oder Vermutungen basieren. So wollen wir die verbreitete Alltagstheorie, dass die jüngste Arbeitnehmenden-Generation „anders tickt", empirisch prüfen. In den folgenden Kapiteln stellen wir die von uns durchgeführte Erhebung sowie deren Ergebnisse vor.

Evidenz statt Annahmen: Unsere Methodik zur Untersuchung von Generationenunterschieden

6

Inhaltsverzeichnis

Zusammenfassung

Mit einer umfangreichen Untersuchung von Generationenunterschieden in der Arbeitgeberattraktivität soll die Frage beantwortet werden, ob generationsspezifische Maßnahmen im Personalmanagement sinnvoll sind. Dafür wurde eine Befragung mit Mitgliedern aller vier am deutschen Arbeitsmarkt vertretenen Generationen befragt. Dieses Kapitel stellt die Methodik der Untersuchung dar, indem es die Datenerhebung, die Stichprobenzusammensetzung und die statistische Auswertungsstrategie beschreibt.

Wir haben eine Befragungsstudie im Querschnittdesign durchgeführt. Dabei werden Daten von Mitgliedern verschiedener Generationen zu einem Messzeitpunkt erfasst. So lassen sich zwar Generationseffekte nicht von Alters- und Periodeneffekten trennen (vgl. Kap. 4), jedoch können wir so Erkenntnisse gewinnen, ob die Generation Z zum aktuellen Zeitpunkt tatsächlich andere Sichtweisen als die anderen Generationen hat, welche Faktoren einen Arbeitgeber attraktiv machen.

6.1   Messung der Arbeitgeberattraktivität

Zur Erfassung der Arbeitgeberattraktivitätsfaktoren wurde das Arbeitgeber-attraktivitätsinventar (AGA-I) von Lohaus und Rietz (2020) eingesetzt. Dabei handelt es sich um einen standardisierten Fragebogen, der zuvor durch das Entwicklungsteam des Instrumentes an einer Stichprobe mit 3001 Personen hinsichtlich seiner Messeigenschaften überprüft wurde. Das AGA-I beinhaltet 68 Items, die sich 19 Dimensionen von Arbeitgeberattraktivitätsfaktoren (vgl. Tab. 7.1) zuordnen lassen. Dazu gehören beispielsweise die Arbeitsaufgabe (Beispiel-Item „Meine Aufgaben sind vielfältig und interessant"), die Arbeitsplatzsicherheit (Beispiel-Item „Ich habe einen sicheren Arbeitsplatz"), die Identifikation mit dem Unternehmen (Beispiel-Item „Meine Werte und meine Ziele stimmen sehr gut mit denen meines Arbeitgebers überein") sowie Management und Führung (Beispiel-Item „Meine Vorgesetzten unterstützen und fördern mich"). Die Beantwortung erfolgt auf sechsstufigen Rating-Skalen von „trifft überhaupt nicht zu" bis „trifft voll und ganz zu". Zusätzlich gibt es bei jedem Item die Antwort-Option „kann ich nicht beurteilen". Diese Antwort wird bei der Berechnung des Skalenwertes durch Mittelwertbildung nicht berücksichtigt. Die 19 Dimensionen werden durch unterschiedlich viele Items erfasst. Work-Life-Balance, Karriere/Aufstieg, Internationalität sowie Erfolg des Unternehmens werden jeweils nur durch ein Item gemessen. Die anderen Dimensionen beinhalten zwischen zwei bis zehn Items. Die interne Konsistenz der Skalen variiert von Cronbachs $\alpha = {,}43$ (Arbeitsplatz-sicherheit, zwei Items) bis $\alpha = {,}96$ (Management und Führung, sieben Items). Bis auf zwei Dimensionen erreichen alle Skalen mindestens zufriedenstellende interne Konsistenzen (Cronbachs $\alpha > {,}70$). Die Cronbachs-Alpha-Werte unserer Stichprobe sind vergleichbar mit denen aus der Validierungsstudie (Lohaus & Rietz, 2020).

Zur Erfassung der allgemeinen Arbeitgeberattraktivität enthält das AGA-I sechs Items, die als Kriterium dienen (Beispiel-Items „Ich würde mich jederzeit wieder für meinen aktuellen Arbeitgeber entscheiden", „Im Vergleich zu anderen Arbeitgebern bewerte ich meinen als deutlich besser"). Auch hier erfolgt die Beantwortung auf sechsstufigen Ratingskalen bei fünf der sechs Items. Das sechste Item („Ich würde meinen Arbeitgeber Freunden und Bekannten weiterempfehlen") besitzt das Format des Net-Promoter-Scores, bei dem eine zehnstufige Antwortskala genutzt wird. Aufgrund des abweichenden Antwortformates wurde dieses Item vor der Bildung des Mittelwertes zur Berechnung des Skalenwertes ausgeschlossen. Für die verbleibenden fünf Items wurde mittels explorativer Faktorenanalyse nachgewiesen, dass diese einen gemeinsamen Faktor bilden sowie eine exzellente interne Konsistenz aufweisen (Cronbachs $\alpha = {,}96$). Daher wurden die Items zu einem Score für die allgemeine Arbeitgeberattraktivität zusammengefasst, auch wenn dies in der ursprünglichen Konzeption des AGA-I nicht vorgesehen war.

Die gewählte Operationalisierung zur Ermittlung von Generationenunterschieden bei Arbeitswerten unterscheidet sich von anderen Studien. Wir fragen nicht, was Beschäftigte erwarten oder wünschen und was ihnen besonders wichtig erscheint (Stiglbauer et al., 2022). Solche Urteile können verzerrt sein und nicht die wahren Präferenzen widerspiegeln (Pfister et al., 2017). Wir erfragten stattdessen, was Beschäftigte tatsächlich bei ihrem Arbeitgeber erleben und ermitteln so, wie die Attraktivitätsfaktoren bei ihren aktuellen Tätigkeiten ausgeprägt sind. Die Relevanz dieser Faktoren für die wahrgenommene Arbeitgeberattraktivität wird durch einen regressionsanalytischen Ansatz ermittelt. Dabei dienen die 19 Dimensionen der Attraktivitätsfaktoren als Prädiktoren und die allgemeine Arbeitgeberattraktivität als Kriterium. Wir bestimmen also statistisch, welche Merkmale die Arbeitgeberattraktivität besonders gut vorhersagen. Dabei wird mittels Moderationsanalysen geprüft, ob die Gewichtung der Arbeitgeberattraktivitätsmerkmale von der Generationszugehörigkeit abhängt. Unterschiedliche Gewichtungen würden darauf hinweisen, dass die Bedeutung eines Faktors, etwa der Work-Life-Balance oder des Einkommens, sich zwischen den Generationen unterscheidet.

6.2 Durchführung der Datenerhebung

Zur Datenerhebung wurde eine Onlinebefragung mittels SoSci Survey (Leiner, 2024) von Juli bis November 2023 durchgeführt. Die Teilnehmenden wurden über verschiedene Kanäle rekrutiert (LinkedIn, WhatsApp, Instagram, Intranet einer Hochschule für berufsbegleitend Studierende, Marktforschungspanel Casa Doe), wodurch eine möglichst heterogene Stichprobenzusammensetzung erreicht werden sollte. Teilnahmevoraussetzungen waren Volljährigkeit und eine aktuelle Berufstätigkeit, was über Filterfragen zu Beginn der Befragung geprüft wurde. Zudem erhielten die Befragten nach der Aufklärung über den Zweck und die voraussichtliche Dauer der Untersuchung Hinweise zu den ethischen Richtlinien der Freiwilligkeit und Anonymität. Die Befragung wurde nur fortgesetzt, wenn diesen Bedingungen zugestimmt wurde.

Bevor die Items zur Arbeitgeberattraktivität präsentiert wurden, wurden demografische Daten zu Geschlecht, Bildung, Berufs- und Lebenssituation erfasst. Die Generationszugehörigkeit wurde über das Alter der Teilnehmenden bestimmt, das als Zahlenwert angegeben werden musste. Daraus wurde das Geburtsjahr errechnet und nach der Klassifikation von Klaffke (2022a) der entsprechenden Generation zugeordnet (vgl. Abschn. 6.3 Stichprobenzusammensetzung). Hierbei ergibt sich für einzelne Teilnehmende an der Grenze zwischen zwei Generationen möglicherweise eine Abweichung vor ihrer tatsächlichen Generation, da nicht bekannt war, ob die Personen zum Zeitpunkt der Datenerhebung bereits Geburtstag hatten oder nicht. Diese Ungenauigkeiten scheinen jedoch zu vernachlässigen, da die Jahrgangszuordnungen der Generationen in der Forschung nicht konsistent sind und bis zu fünf Jahre voneinander abweichen (Ravid et al., 2024).

6.3 Stichprobenzusammensetzung

Für die Auswertung konnten die Antworten von 1133 Berufstätigen genutzt werden. Tab. 6.1 zeigt die wesentlichen Merkmale (u. a. Geschlecht, Alter, Lebenssituation, Bildung) der Stichprobe bezogen auf die jeweilige Generation sowie gesamthaft. Bezogen auf das Geschlecht ist der Frauenanteil an der Gesamtstichprobe um 18,37 % höher als der Männeranteil. In der Generationeneinteilung ist der größte Unterschied bei der Generation Z. Hier sind deutlich mehr Frauen als Männern in der Stichprobe vertreten. Höhere Frauenanteile sind bei Onlinebefragungen typisch. Um die Verzerrung beim Geschlechteranteil bei der Datenauswertung zu kontrollieren, wird dieses Merkmal bei den Analysen als Kovariate berücksichtigt.

Der Altersdurchschnitt je Generation ist passend zu den jeweiligen Altersspannen der Generationen. Zur Lebenssituation ist anhand der Werte ersichtlich, dass vor allem bei der Generation X und Y Kinder im Haushalt leben, während bei den Baby Boomern und der Generation Z der höchste Single-Anteil gegeben ist.

Bei der schulischen Bildung zeigen sich Unterschiede zwischen den jüngeren und älteren Generationen. In den Generationen Y (70 %) und Z (95 %) haben anteilig mehr Teilnehmende Abitur bzw. die Allgemeine Hochschulreife als in Generation X (40 %) und bei den Baby Boomern (34 %). Dies entspricht dem Trend steigender Abiturzahlen in Deutschland (Statistisches Bundesamt, 2024b). Knapp 67 % haben eine Berufsausbildung und ca. 26 % haben einen akademischen Abschluss. Damit ist der Anteil etwas höher als in der Gesamtbevölkerung, wo er bei 20 % liegt (Zensus, 2024).

Etwas über 67 % arbeiten in Vollzeit und entsprechend 33 % in Teilzeit. Diese Anteile entsprechen den Daten, die durch das IAB ausgewertet wurden (Hellwanger & Weber, 2025). Allerdings gibt es eine Auffälligkeit bei der Generation Z. Hier arbeiten mit etwa 50 % deutlich mehr in Teilzeit als in der Studie des IAB. Dies liegt vermutlich an den Rekrutierungswegen, mit denen die Stich-

Tab. 6.1 Beschreibung der Stichprobe

	Baby Boomer 1946–1964	Generation X 1965–1980	Generation Y 1981–1995	Generation Z 1996–2012	Gesamt
N	312	312	299	210	1133
Geschlecht					
Weiblich	**176**	154	**184**	**156**	**670**
Männlich	136	**158**	115	54	463
Alter *(M, SD)*	61,53 (2,29)	50,55 (4,46)	35,11 (4,43)	24,44 (1,69)	44,66 (14,16)
Lebenssituation					
Single/alleinlebend	**98**	79	67	94	338
alleinerziehend	6	23	5	0	34
Partnerschaft ohne Kinder	73	63	**113**	**114**	**363**
Partnerschaft, Kinder im Haushalt	43	**101**	107	1	252
Partnerschaft Kinder nicht im Haushalt	92	46	7	1	146
Formale Bildung					
kein Abschluss	0	1	0	1	2
Hauptschule	47	39	18	0	104
Realschule oder gleichwertig	**158**	**147**	72	10	387
Abitur/Allgemeine Hochschulreife	107	125	**209**	**199**	**640**
Höchster Ausbildungsabschluss					

(Fortsetzung)

Tab. 6.1 (Fortsetzung)

	Baby Boomer 1946–1964	Generation X 1965–1980	Generation Y 1981–1995	Generation Z 1996–2012	Gesamt
Kein Aus-bildungsab-schluss	9	11	10	48	78
Berufsaus-bildung	**226**	**230**	**155**	**145**	**756**
Fachhoch-schulstudium	43	25	55	11	134
Universitäts-studium	34	46	79	6	165
Umfang der Berufstätig-keit					
Vollzeit	**199**	**227**	**229**	**106**	**761**
Teilzeit	113	85	70	104	372
Berufs-erfahrung in Jahren *(M, SD)*	38,64 (18,74)	27,21 (8,58)	12,82 (12,50)	4,98 (2,15)	22,44 (17,84)
Dauer der Tätigkeit beim aktu-ellen Arbeit-geber in Jah-ren *(M, SD)*	17,90 (13,31)	12,69 (10,65)	5,40 (4,68)	3,22 (2,33)	10,46 (10,95)

[a] *häufigste Kategorie pro Spalte und Dimension fett gedruckt, N = 1133*

probe erreicht wurde. Wir nutzen dabei u. a. einen Verteiler einer Hochschule für berufsbegleitend Studierende. Dort studieren vor allem Menschen, die der Generation Z zuzuordnen sind. Zur besseren Vereinbarkeit von Studium und Beruf reduziert ein Teil von ihnen die Arbeitszeit. Daher unterscheidet sich in unserer Stichprobe der Teilzeitanteil der Generation Z signifikant vom Teilzeitanteil in den anderen Generationen ($\chi^2(3) = 44{,}60$, $p < {,}001$). Diese Verzerrung wird bei den späteren Analysen berücksichtigt.

Die durchschnittliche Berufserfahrung in Jahren und die Dauer der Tätigkeit beim aktuellen Arbeitgeber sind stimmig mit den Altersspannen der Generationeneinteilung.

Über Generationen hinweg relevant: Analyse der zentralen Arbeitgeberattraktivitätsfaktoren

7

Zusammenfassung

Welche Faktoren beeinflussen unabhängig von der Generation die Arbeitgeberattraktivität? Mithilfe einer hierarchischen multiplen linearen Regression wurde für 19 Attraktivitätsfaktoren berechnet, wie stark diese die wahrgenommene Arbeitgeberattraktivität vorhersagen. Die Ergebnisse zeigen, dass sowohl instrumentelle als auch symbolische Merkmale relevant sind, wobei keine generelle Überlegenheit einer Kategorie nachweisbar ist.

Im ersten Schritt haben wir mit den erhobenen Daten untersucht, welche der erfassten Faktoren generationenübergreifend die Arbeitgeberattraktivität beeinflussen. Für diese Analyse haben wir eine hierarchische multiple lineare Regression mit den 19 Arbeitgeberattraktivitätsfaktoren als Prädiktoren und der gemittelten Arbeitgeberattraktivität als Kriterium berechnet. Als Kovariaten wurde die Anwesenheit von Kindern im Haushalt, das Geschlecht und die Tätigkeit in Vollzeit oder Teilzeit in die Analyse aufgenommen. So können die Zusammenhänge zwischen den Attraktivitätsfaktoren und der Arbeitgeberattraktivität unter Berücksichtigung dieser Merkmale geprüft werden, wodurch mögliche Verzerrungen korrigiert werden. Die wesentlichen statistischen Voraussetzungen für die Durchführung einer multiplen linearen Regression wurden vorab geprüft und von den vorliegenden Daten erfüllt (Normalverteilung der Residuen, keine Multi-Kollinearität, Homoskedastizität). Bei einzelnen Variablen gibt es statistische Ausreißer in den Daten, die jedoch als realistische Werte gelten können. Diese wurden nicht ausgeschlossen, da bei großen Stichproben, wie in der vorliegenden Untersuchung, nur minimale Verzerrungen bei der Bestimmung der p-Werte zu erwarten sind (Nahhas, 2024). Zudem zeigt die Überprüfung mittels Cooks-Distanzen, dass die Ausreißer unterhalb kritischer Werte liegen.

Wie Tab. 7.1 zeigt, gibt es zehn Faktoren (in der Tabelle fett markiert), die einen signifikanten Effekt auf die Arbeitgeberattraktivität aufweisen. Hoch signifikant ($p < ,001$) sind die Faktoren: Arbeitsaufgabe, Image/Reputation/Bekanntheit, Management und Führung sowie Identifikation. Der Prädiktor, der die größte Varianz in der Arbeitgeberattraktivität aufklärt, ist die Identifikation mit den Produkten und Zielen des Unternehmens mit einem Koeffizienten von $b = 0{,}39$. Schon deutlich niedriger folgt Management und Führung mit $b = 0{,}24$. Alle weiteren Prädiktoren liegen im unteren zweistelligen Bereich oder noch darunter. Insgesamt liegt mit korr. $R^2 = ,79$ [$F(22{,}926) = 161{,}78$, $p < ,001$] eine hohe erklärte Varianz der Arbeitgeberattraktivität durch die Prädiktoren vor.

Diese Ergebnisse zeigen, welche Faktoren im Zusammenhang mit der wahrgenommenen Arbeitgeberattraktivität stehen, wenn keine Unterschiede zwischen den Generationen gemacht werden. Dabei zeigen sich einige dominierende Aspekte wie eine gut gestaltete Arbeitsaufgabe, Identifikationsmöglichkeiten mit dem Unternehmen und Führung. Andere Aspekte weisen bei gemeinsamer Betrachtung hingegen keinen signifikanten Zusammenhang mit der Arbeitgeberattraktivität auf, darunter Weiterbildungs- und Karrieremöglichkeiten, der Unternehmensstandort oder Arbeitszeitmodelle. Dies bedeutet jedoch nicht, dass diese Faktoren gar nicht relevant für die Attraktivität eines Arbeitgebers sind, wie die Ergebnisse der bivariaten Korrelationen zeigen (Tab. 7.2). Sie spielen nur bei gleichzeitiger Betrachtung der anderen Faktoren eine untergeordnete Rolle.

Unsere Ergebnisse stehen im Einklang mit früherer Forschung, die zeigte, dass sowohl instrumentelle als auch symbolische Merkmale wichtig für die Attraktivität des Arbeitgebers sind (Backhaus & Tikoo, 2004; Lievens & Highhouse, 2003; Lohaus et al., 2013). Zu den instrumentellen Faktoren zählen beispielsweise das Entgelt, die Arbeitsplatzsicherheit und die Work-Life-Balance, also Aspekte, von denen die Beschäftigten einen direkten Nutzen haben. Symbolische Aspekte sind etwa das Image des Unternehmens und die Identifikationsmöglichkeit. Hiervon profitieren Beschäftigte, da hohe Ausprägungen dieser Merkmale ihre Bedürfnisse nach sozialer Anerkennung und persönlichem Ausdruck erfüllen. Jedoch zeigen unsere Daten keine Überlegenheit der instrumentellen Aspekte bei Beschäftigten, die bereits im Unternehmen tätig sind, wie von Lievens und Highhouse (2003) postuliert. Sie hatten angenommen, dass symbolische Merkmale vor allem bei der Entscheidung zur Bewerbung wichtig seien, während für Mitarbeitende innerhalb des Unternehmens die instrumentellen Aspekte überwiegen.

Tab. 7.1 Ergebnisse der hierarchischen multiplen linearen Regression für die Arbeitgeberattraktivität als Kriterium und die Arbeitgeberattraktivitätsfaktoren als Prädiktoren

Modell		b	SE(b)	B	t	p
1	(Konstante)	4,32	0,22		19,24	<,001**
	Kinder im Haushalt	−,01	,11	−,01	−0,13	,898
	Geschlecht	,07	,10	,02	0,70	,504
	Vollzeit/Teilzeit	−,08	,10	−,03	−,74	,459
	$F(3,9465)=0,46, p=,708,$ korr. $R^2=-,01$					
2	(Konstante)	−1,50	,19		−7,89	<,001**
	Kinder im Haushalt	−,01	,05	−,01	−0,20	,842
	Geschlecht	−,02	,05	−,01	−0,53	,596
	Vollzeit/Teilzeit	,09	,05	,03	1,90	,058
	Arbeitsaufgabe	**,15**	**,03**	**,10**	**4,47**	**<,001****
	Arbeitsbedingungen	−,02	,04	−,02	−0,56	,573
	Arbeitsplatzsicherheit	**,08**	**,03**	**,06**	**3,07**	**,002****
	Arbeitszeitmodelle	−,03	,02	−,03	−1,43	,153
	Corporate Social Responsibility	**,09**	**,03**	**,06**	**2,58**	**,010****
	Erfolg des Unternehmens	**,06**	**,03**	**,05**	**2,24**	**,025****
	Entgelt inklusive Sozialleistungen	**,06**	**,03**	**,05**	**2,02**	**,044****
	Identifikation	**,39**	**,04**	**,33**	**10,86**	**<,001****
	Image/Reputation/Bekanntheit	**,11**	**,03**	**,09**	**3,88**	**<,001****
	Innovation & Fortschritt	,02	,03	,02	0,70	,483
	Internationalität/Auslandseinsatz	−,01	,02	−,01	−0,08	,936
	Karriere/Aufstieg	,01	,02	,02	0,56	,576
	Management und Führung	**,24**	**,03**	**,22**	**7,13**	**<,001****
	Standort	,01	,02	,01	0,21	,832
	Team/Arbeitsatmosphäre/Klima	,04	,03	,07	1,44	,150
	Unternehmenskultur	**,07**	**,04**	**,07**	**2,04**	**,042****
	Unternehmensmerkmale	−,01	,03	−,01	−,26	,796
	Weiterbildung	,01	,02	,01	,22	,830
	Work-Life-Balance	**,05**	**,02**	**,04**	**1,95**	**,052***
	$F(22,926)=161,68, p<,001,$ korr. $R^2=,79$					

[b] ** $p<,05$, * $p<,10$

Tab. 7.2 Interkorrelationen zwischen allen Arbeitgeberattraktivitätsfaktoren

	M	SD	1	2	3	4	5	6	7	8	9	10	11	12	13	14	15	16	17	18	19
1	4,56	0,95	—																		
2	4,20	1,02	,45	—																	
3	4,54	1,08	,40	,52	—																
4	3,97	1,43	,29	,51	,22	—															
5	4,73	0,99	,49	,64	,52	,36	—														
6	4,44	1,26	,31	,50	,40	,28	,47	—													
7	3,72	1,13	,45	,69	,46	,47	,53	,51	—												
8	4,22	1,21	,53	,65	,42	,45	,59	,47	,57	—											
9	2,41	1,70	,17	,29	,03	,36	,12	,29	,38	,28	—										
10	4,40	1,11	,39	,55	,42	,30	,58	,66	,51	,51	,18	—									
11	3,41	1,57	,50	,58	,44	,36	,44	,41	,63	,55	,32	,47	—								
12	4,13	1,24	,57	,69	,49	,47	,66	,48	,64	,66	,26	,52	,59	—							
13	4,89	1,19	,29	,35	,30	,20	,30	,21	,25	,27	,01	,25	,20	,31	—						
14	4,83	1,04	,56	,50	,36	,33	,48	,33	,44	,50	,17	,37	,41	,63	,28	—					
15	3,97	1,22	,56	,67	,48	,52	,64	,51	,70	,68	,31	,51	,61	,83	,30	,60	—				
16	3,95	1,04	,29	,46	,34	,26	,36	,58	,46	,43	,29	,57	,43	,39	,17	,32	,41	—			

(Fortsetzung)

Tab. 7.2 (Fortsetzung)

	M	SD	1	2	3	4	5	6	7	8	9	10	11	12	13	14	15	16	17	18	19
17	3,81	1,51	,55	,58	,48	,39	,49	,39	,59	,54	,26	,45	,77	,58	,20	,44	,61	,38	—		
18	4,49	1,24	,41	,55	,38	,54	,45	,28	,44	,45	,14	,34	,38	,53	,27	,45	,53	,28	,42	—	
19	4,26	1,18	,65	,66	,53	,43	,69	,60	,65	,66	,25	,61	,58	,73	,32	,56	,75	,48	,59	,51	—
20	4,35	1,38	,65	,67	,57	,41	,69	,57	,64	,65	,22	,62	,59	,78	,34	,58	,76	,45	,59	,53	,83

Anmerkungen. 1 = Arbeitsaufgabe, 2 = Arbeitsbedingungen, 3 = Arbeitsplatzsicherheit, 4 = Arbeitszeitmodelle, 5 = Corporate Social Responsibility, 6 = Erfolg des Unternehmens, 7 = Entgelt inklusive Sozialleistungen, 8 = Innovation & Fortschritt, 9 = Internationalität/Auslandseinsatz, 10 = Image/Reputation/Bekanntheit, 11 = Karriere/Aufstieg, 12 = Management und Führung, 13 = Standort, 14 = Team/Arbeitsatmosphäre/Klima, 15 = Unternehmenskultur, 16 = Unternehmensmerkmale, 17 = Weiterbildung, 18 = Work-Life-Balance, 19 = Identifikation, 20 = Arbeitgeberattraktivität. **Fettgedruckte** Korrelationen sind **nicht signifikant** (p >,05), alle anderen Korrelationen sind signifikant (p <,001)

Auch eine generelle Überlegenheit der instrumentellen Merkmale ist durch unsere Daten – im Gegensatz zu den Ergebnissen von Lohaus et al. (2013) – nicht nachweisbar. Unternehmen sollten demnach sowohl für gute symbolische als auch instrumentelle Merkmale sorgen, um für ihre Mitarbeitenden attraktiv zu sein.

Generationenunterschiede in der Wirkung der Arbeitgeberattraktivitätsfaktoren

Zusammenfassung

In diesem Kapitel wird die Frage beantwortet, ob und inwiefern sich verschiedene Generationen in ihrer Wahrnehmung von Faktoren unterscheiden, die einen Arbeitgeber attraktiv machen. Mittels statistischer Moderationsanalysen wird untersucht, ob die Relevanz einzelner Attraktivitätsmerkmale – wie beispielsweise Arbeitsaufgaben, Sicherheit des Arbeitsplatzes oder Unternehmenskultur – je nach Zugehörigkeit zur Generation Z, Y, X oder den Baby Boomern variiert. Dabei werden auch demografische Merkmale wie Geschlecht und Kinder im Haushalt als Kontrollvariablen berücksichtigt, um mögliche Scheineffekte auszuschließen. Die Ergebnisse werden detailliert dargestellt und hinsichtlich ihrer praktischen Bedeutsamkeit für das Personalmanagement bewertet.

Ziel unserer Untersuchung ist die Prüfung, ob sich die Mitglieder verschiedener Generationen in der Wahrnehmung der Arbeitgeberattraktivität unterscheiden. Daher haben wir im zweiten Schritt der Analysen für alle Attraktivitätsfaktoren, die in der ersten Analyse (siehe Tab. 7.1) signifikant sind, separate Moderationsanalysen durchgeführt. Auch wenn für den Faktor Work-Life-Balance das Signifikanzniveau von 5 % knapp verfehlt wird ($p = ,052$), haben wir diesen in die Moderationsanalyse aufgenommen, da in der öffentlichen Debatte wiederholt behauptet wurde, dass die Generation Z weniger arbeiten möchte und ihnen die Freizeit (Life) wichtiger sei. Als Prädiktor wird jeweils der signifikante

Attraktivitätsfaktor untersucht, das Kriterium ist die Arbeitgeberattraktivität. Der kategoriale Moderator ist die Generationszugehörigkeit. Dabei bildet die Generation Z den Referenzwert. Die Interaktionsterme zeigen, ob sich die Relevanz eines Attraktivitätsfaktors zwischen der Generation Z und der Vergleichsgeneration unterscheidet. Bei einem positiven Regressionskoeffizienten *b* ist die Bedeutung dieses Arbeitgeberattraktivitätsfaktors in der jeweiligen Vergleichsgeneration größer als bei der Generation Z.

Zusätzlich werden wieder die Merkmale Geschlecht, Kinder im Haushalt und Vollzeit-/ Teilzeitbeschäftigung als Kovariaten aufgenommen. Die Berücksichtigung der Kovariaten erlaubt es, mögliche Generationseffekte tatsächlich auf die Generationszugehörigkeit zurückzuführen, auch wenn die demografischen Merkmale in den Gruppen unterschiedlich verteilt sind. Für eine bessere Übersichtlichkeit werden die Kovariaten in der Ergebnisdarstellung nicht gezeigt. Bei einzelnen Analysen gibt es signifikante Haupteffekte der Kovariaten. Beispielsweise zeigt sich bei der Analyse möglicher Generationenunterschiede beim Entgelt ein signifikanter direkter Zusammenhang zwischen dem Geschlecht und der Arbeitgeberattraktivität, der bei den anderen Faktoren nicht nachgewiesen werden kann. Die einzelnen Effekte sind jedoch so gering, dass sie praktisch keine Bedeutsamkeit haben. Daher gehen wir nicht näher darauf ein.

Tab. 8.1 fasst die wichtigsten Ergebnisse dieser Moderationsanalysen zusammen. Die signifikanten Interaktionseffekte sind dabei fett hervorgehoben.

Für vier der zehn betrachteten Arbeitgeberattraktivitätsfaktoren gibt es keine Moderationseffekte durch die Generation. Die Arbeitsaufgabe, das Entgelt inkl. Sozialleistungen, Management und Führung sowie die Identifikation sind für alle Generationen gleich relevant für die Vorhersage der Arbeitgeberattraktivität. Je höher bzw. besser deren Ausprägung ist, desto attraktiver wird der Arbeitgeber wahrgenommen. Berufstätige, die ihre Arbeitsaufgaben für interessant und sinnvoll halten, bewerten ihren Arbeitgeber besser. Dieser Effekt ist unabhängig von der Generation. Auch beim Entgelt und den Sozialleistungen schätzen Mitarbeitende aller Generationen gleichermaßen den Arbeitgeber als attraktiver ein, wenn dieser eine leistungsgerechte und faire Vergütung bietet. Dasselbe gilt für den Faktor Management und Führung. Für alle Generationen gilt gleichermaßen, dass das positive Erleben von Wertschätzung, Feedback und Unterstützung durch die Führung mit einer höheren wahrgenommenen Arbeitgeberattraktivität einhergehen. Zudem zeigt sich, dass die Identifikation mit den Produkten, Dienstleistungen und Zielen des Unternehmens in allen Generationen gleichstark die Arbeitgeberattraktivität erklärt.

Bei den sechs anderen betrachteten Faktoren zeigen sich signifikante Moderationseffekte, d. h. deren Effekt auf die Arbeitgeberattraktivität

Tab. 8.1 Ergebnisse der Moderationsanalysen zur Vorhersage der Arbeitgeberattraktivität unter Berücksichtigung der Generationenvergleiche

Modell		b	SE(b)	t	p	LLCI	ULCI
1	Arbeitsaufgabe	,80	,08	9,52	<,001**	,64	,97
	Interaktion Y – Z	,13	,11	1,23	,219	–,08	,34
	Interaktion X – Z	,18	,11	1,73	,084	–,02	,39
	Interaktion Boomer – Z	,11	,11	1,09	,276	–,09	,32
	$F_{(10,1121)}=80,31, p<,001, R^2=,42$ ΔR^2 Interaktionen: $F_{(3,1122)}=1,01, p=,386, \Delta R^2=,01$						
2	**Arbeitsplatzsicherheit**	,59	,08	6,9	<,001**	,42	,75
	Interaktion Y – Z	–,08	,10	–,77	,439	–,28	,12
	Interaktion X – Z	**,22**	**,10**	**2,11**	**,035**	**,02**	**,43**
	Interaktion Boomer – Z	**,31**	**,10**	**2,94**	**,003**	**,10**	**,51**
	$F_{(10,1117)}=59,24, p<,001, R^2=,35$ ΔR^2 Interaktionen: $F_{(3,1117)}=9,06, p<,001**, \Delta R^2=,02$						
3	**Corporate Social Resp.**	,77	,08	9,32	<,001**	0,61	0,93
	Interaktion Y – Z	,15	,10	1,48	,139	–0,05	0,35
	Interaktion X – Z	**,24**	**,10**	**2,33**	**,020**	**0,04**	**0,43**
	Interaktion Boomer – Z	**,20**	**,10**	**2,08**	**,038**	**0,01**	**0,39**
	$F_{(10,1119)}=106,73, p<,001, R^2=,49$ ΔR^2 Interaktionen: $F_{(3,1119)}=2,02, p=,109, \Delta R^2=,01$						
4	**Erfolg des Unternehmens**	,45	,072	6,32	<,001**	0,31	0,60
	Interaktion Y – Z	,12	,09	1,37	,170	–0,05	0,29
	Interaktion X – Z	**,25**	**,09**	**2,85**	**,004**	**0,08**	**0,43**
	Interaktion Boomer – Z	**,23**	**,09**	**2,52**	**,012**	**0,05**	**0,40**
	$F_{(10,1058)}=57,55, p<,001, R^2=,35$ ΔR^2 Interaktionen: $F_{(3,1058)}=3,41, p=,017**, \Delta R^2=,01$						

(Fortsetzung)

Tab. 8.1 (Fortsetzung)

Modell		b	SE(b)	t	p	LLCI	ULCI
5	Entgelt	,76	,07	10,87	<,001**	0,62	0,90
	Interaktion Y – Z	,01	,09	0,03	,973	−0,17	0,17
	Interaktion X – Z	,10	,09	1,17	,240	−0,07	0,28
	Interaktion Boomer – Z	,01	,09	0,16	,876	−0,15	0,18
	$F(10,1120)=90,95, p<,001, R^2=,45$ ΔR² Interaktionen: $F(3,1120)=0,82, p=,481, \Delta R^2=,01$						
6	**Image**	,57	,07	8,05	<,001**	0,43	0,71
	Interaktion Y – Z	**,18**	**,09**	**1,96**	**,049****	**0,01**	**0,35**
	Interaktion X – Z	**,27**	**,09**	**2,95**	**,003****	**0,09**	**0,45**
	Interaktion Boomer – Z	**,22**	**,09**	**2,45**	**,015****	**0,04**	**0,40**
	$F(10,1100)=74,33, p<,001, R^2=,40$ ΔR² Interaktionen: $F(3,1100)=3,12, p=,025**, \Delta R^2=,01$						
7	Management & Führung	,79	,06	13,69	<,001**	0,67	0,90
	Interaktion Y – Z	,13	,07	1,80	,072	−0,01	0,26
	Interaktion X – Z	,09	,07	1,33	,185	−0,04	0,23
	Interaktion Boomer – Z	,04	,07	0,63	,526	−0,09	0,18
	$F(10,1121)=190,72, p<,001, R^2=,63$ ΔR² Interaktionen: $F(3,1121)=1,44, p=,228, \Delta R^2=,01$						
8	**Unternehmenskultur**	,75	,06	13,13	<,001**	0,64	0,86
	Interaktion Y – Z	**,14**	**,07**	**2,04**	**,042****	**0,01**	**0,28**
	Interaktion X – Z	**,17**	**,07**	**2,38**	**,018****	**0,03**	**0,31**
	Interaktion Boomer – Z	,07	,07	0,95	,341	−0,07	0,20
	$F(10,1115)=171,63, p<,001, R^2=,61$ ΔR² Interaktionen: $F(3,1115)=2,55, p=,055, \Delta R^2=,01$						

(Fortsetzung)

Tab. 8.1 (Fortsetzung)

Modell		b	SE(b)	t	p	LLCI	ULCI
9	**Work-Life-Balance**	,42	,08	5,48	<,001**	0,27	0,57
	Interaktion Y – Z	,06	,09	0,67	,500	–0,12	0,24
	Interaktion X – Z	**,25**	**,09**	**2,79**	**,005****	**0,08**	**0,43**
	Interaktion Boomer – Z	**,26**	**,09**	**2,85**	**,005****	**0,08**	**0,44**
	$F(10,1112)=53,50, p<,001, R^2=,33$ ΔR^2 Interaktionen: $F(3,1112)=5,05, p=,002**, \Delta R^2=,01$						
10	Identifikation	,92	,05	18,65	<,001**	0,82	1,01
	Interaktion Y – Z	,04	,06	,63	,526	–0,08	0,16
	Interaktion X – Z	,05	,06	,80	,427	–0,07	0,17
	Interaktion Boomer – Z	,06	,06	,94	,349	–0,06	0,18
	$F(10,1117)=248,36, p<,001, R^2=,69$ ΔR^2 Interaktionen: $F(3,1117)=0,31, p=,813, \Delta R^2=,01$						

Anmerkungen: $**p < ,05$, Die Konstante und die Kontrollvariablen Kinder im Haushalt, Geschlecht und Vollzeit/Teilzeit wurden für eine bessere Übersicht nicht mit dargestellt, auch wenn diese bei den Analysen berücksichtigt wurden. Der Referenzwert für die Moderatoreneffekte ist jeweils Generation Z.

unterscheidet sich statistisch zwischen Mitgliedern der Generation Z und denen anderer Generationen. Allerdings sind signifikante Effekte in einer großen Stichprobe wie der hier vorliegenden nicht gleichzusetzen mit praktischer Bedeutsamkeit, denn in großen Stichproben werden selbst kleinste Effekte signifikant. Daher werden auch die Effektstärken betrachtet. Dabei zeigt sich, dass die identifizierten signifikanten Generationseffekte nur einen minimalen Beitrag zur Erklärung der wahrgenommenen Arbeitgeberattraktivität leisten. Im Folgenden werden wir die Ergebnisse detailliert vorstellen.

Die Faktoren Arbeitsplatzsicherheit, Corporate Social Responsibility, Erfolg und finanzielle Situation des Unternehmens sowie Work-Life-Balance besitzen bei der Generation X und den Baby Boomern eine größere Vorhersagekraft für die Arbeitgeberattraktivität als bei der Generation Z, erkennbar durch eine stärkere Steigung der Regressionsgeraden. Im Vergleich zwischen Generation Z und Generation Y gibt es keinen Unterschied (vgl. Abb. 8.1a-d). Das bedeutet, dass

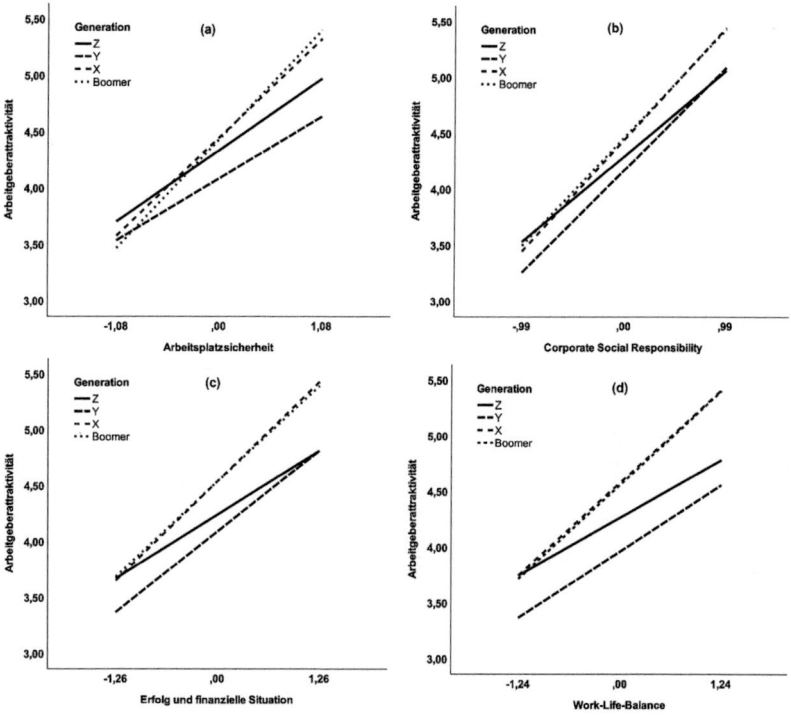

Abb. 8.1 Signifikante Moderationseffekte: Baby Boomer und X vs. Generation Z

für die beiden älteren Generationen die genannten Faktoren einen größeren Effekt darauf haben, dass sie ihren Arbeitgeber attraktiv finden, als für die Generation Z. Bei Betrachtung der Effektstärken fällt auf, dass durch die Berücksichtigung der Generationseffekte nur marginale Anteile der Varianz in der Arbeitgeberattraktivität vorhergesagt werden können. Der Zuwachs an Varianzaufklärung (ΔR^2) beträgt zwischen ,003 bei Corporate Social Responsibility und ,016 bei Arbeitsplatzsicherheit. Maximal 1,6 % der Varianz in der Arbeitgeberattraktivität können also durch die Berücksichtigung der Generationszugehörigkeit erklärt werden.

Bei zwei weiteren Attraktivitätsfaktoren ergeben sich ebenfalls signifikante Moderationseffekte. Bei der Unternehmenskultur ist ein Unterschied zwischen der Generation Z und den Generationen X und Y nachweisbar, während sich Generation Z und Baby Boomer ähnlich sind. Für Mitglieder der Generation X und Generation Y ist die Unternehmenskultur zur Vorhersage der Arbeitgeberattraktivität damit wichtiger als für die Generation Z. Auch hier ist die zusätzliche Varianzaufklärung durch Berücksichtigung der Generationseffekte jedoch praktisch unbedeutsam, da ΔR^2 lediglich bei ,003 liegt, also nicht einmal 1 %. Eine als gerecht und partizipativ erlebte Unternehmenskultur trägt somit bei allen Generationen ähnlich stark dazu bei, dass der Arbeitgeber als attraktiv empfunden wird.

Beim Image des Unternehmens unterscheiden sich alle drei Generationen von der Generation Z. Für Mitglieder der Generation Z ist es zur Vorhersage der Arbeitgeberattraktivität am wenigsten relevant, dass das Unternehmen eine gute Reputation und hohe Bekanntheit hat (vgl. Abb. 8.2). Jedoch sind die Effekte hier

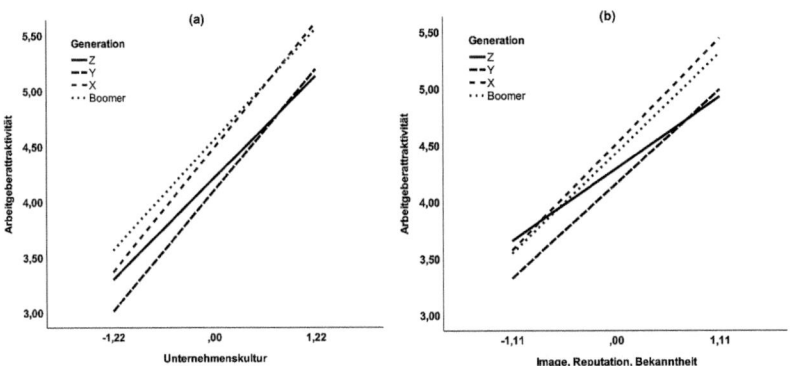

Abb. 8.2 Signifikante Moderationseffekte der Generation für Unternehmenskultur und Image

ebenfalls minimal. Lediglich 0,5 % der Varianz der Arbeitgeberattraktivität können durch die Berücksichtigung der Generationseffekte erklärt werden.

Auffällig ist, dass die Generation Z bei nahezu allen Faktoren, bei denen sich signifikante Moderationseffekte zeigen, die geringste Steigung der Regressionsgerade hat. Lediglich bei der Arbeitsplatzsicherheit weist die Generation Z im Vergleich zur Generation Y eine höhere Steigung auf, jedoch ist dieser Unterschied nicht signifikant. Auch wenn wir bei sechs der betrachteten zehn Arbeitgeberattraktivitätsfaktoren einzelne signifikante Moderationseffekte durch die Berücksichtigung der Generation nachweisen können, ist die zusätzliche Varianzaufklärung ΔR^2 extrem gering. Damit sind die einzelnen signifikanten Moderationseffekte für praktische Employer Branding Maßnahmen unbedeutend.

Zur Vollständigkeit der Prüfung haben wir auch für die nicht signifikanten Prädiktoren einzelne Moderationsanalysen berechnet. Hier zeigt sich dasselbe Bild. Bei fünf dieser Attraktivitätsfaktoren (Arbeitsbedingungen, Arbeitszeitmodelle, Internationalität, Karriere/Aufstieg und Unternehmensmerkmale wie Größe und Branche) lassen sich keine Moderationseffekte nachweisen. Für die vier Faktoren Innovation, Standort, Team/Arbeitsatmosphäre und Weiterbildung zeigen sich einzelne signifikante Moderationseffekte. Aber auch hier haben diese Faktoren bei der Generation Z im Vergleich zu anderen Generationen jeweils einen geringeren Effekt. Zudem ist die zusätzliche Varianzaufklärung durch die Berücksichtigung der Generation insgesamt sehr gering (zwischen $\Delta R^2 = ,00$ und $\Delta R^2 = ,01$), weshalb auch diese Effekte keine praktische Bedeutsamkeit haben.

Abb. 8.3 zeigt zusammengefasst für alle Arbeitgeberattraktivitätsfaktoren die Generationseffekte. Für die Berechnungen der Moderationseffekte wurde jeweils ein Term gebildet, der die Generation Z einer der anderen drei Generationen gegenüberstellt. Daher bildet die Generation Z den Referenzpunkt, dargestellt als Null-Linie. Die jeweiligen b-Werte, also die Regressionskoeffizienten des Interaktionsterms, sind als Symbol dargestellt. Ein Effekt von Null bedeutet, dass es keinen Unterschied zwischen der Generation Z und einer anderen Generation (X, Y, Boomer) gibt. In diesem Fall liegt das Symbol für den jeweiligen Generationenvergleich auf der Null-Linie des Plots. Ein positiver b-Wert rechts von der Null-Linie bedeutet, dass für die entsprechende Generation der Attraktivitätsfaktor stärker mit der Arbeitgeberattraktivität zusammenhängt als bei der Generation Z. Zusätzlich zu den b-Werten sind die Konfidenzintervalle als Linien dargestellt. Diese zeigen den Wertebereich an, der mit 95-%iger Wahrscheinlichkeit den wahren Wert aus der Grundgesamtheit enthält. Die Intervalle schneiden in vielen Fällen die Null-Linie. Auch das spricht dafür, dass sich die Generationen nicht in der Bedeutung der verschiedenen Arbeitgeberattraktivitätsfaktoren unterscheiden.

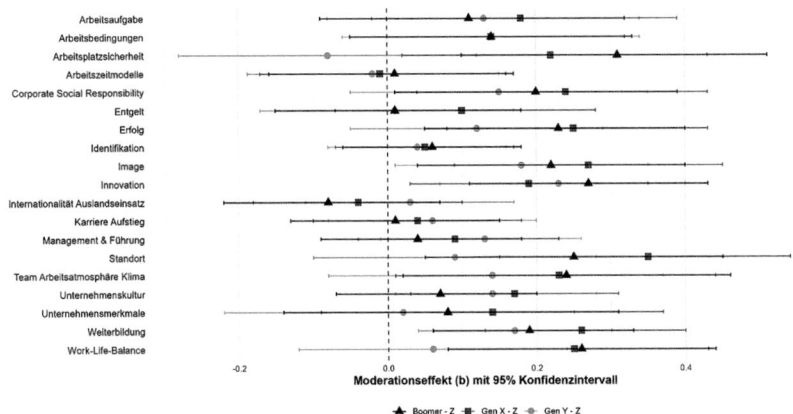

Abb. 8.3 Forest-Plot der Moderationseffekte der Arbeitgeberattraktivitätsfaktoren

Um zu prüfen, welche Faktoren bei der Generation Z überhaupt einen Effekt auf die Arbeitgeberattraktivität haben, wurde eine separate Analyse nur für diese Generation gerechnet, in der alle Attraktivitätsfaktoren berücksichtigt werden. Die Ergebnisse in Tab. 8.2 zeigen, dass lediglich die Identifikation mit dem Unternehmen, das Management und die Führung sowie das Entgelt inkl. Sozialleistungen signifikante Prädiktoren sind. Somit haben bei isolierter Betrachtung der Generation Z nur diejenigen Faktoren einen Vorhersagewert, die für alle Generationen gleichermaßen bedeutsam sind, da sich bei ihnen keine Moderationseffekte nachweisen lassen (vgl. Tab. 8.1).

Die Ergebnisse unserer Untersuchung zeigen, dass für die Generation Z keine Attraktivitätsfaktoren identifiziert werden können, deren Relevanz sich bedeutsam von den vorherigen Generationen unterscheidet. Auch wenn einzelne Moderationseffekte aufgrund der großen Stichprobe signifikant werden, sind diese Effekte aber so klein, dass sie praktisch keine Bedeutung haben. Unsere empirischen Befunde bestätigen daher nicht die in der öffentlichen Debatte und populären Managementliteratur oft vertretene Annahme, dass sich die Arbeitswerte und Erwartungen der Generation Z fundamental von denen der vorhergehenden Generationen abheben (Klaffke, 2022a; Twenge et al., 2010).

Unser Ergebnismuster widerspricht vielmehr den oft geäußerten Vorurteilen, dass die Generation Z besondere Ansprüche an ihre Arbeitgeber stellt. Bei den Attraktivitätsfaktoren, in denen sich diese Generation signifikant von einer oder mehreren ihrer Vorgängergenerationen unterscheidet, sind die Zusammenhänge

Tab. 8.2 Ergebnisse der hierarchischen multiplen linearen Regression für die Arbeitgeberattraktivität als Kriterium und die Arbeitgeberattraktivitätsfaktoren als Prädiktoren für die Generation Z

Modell		b	SE(b)	B	t	p
1	(Konstante)	4,69	0,43		11,01	<,001**
	Kinder im Haushalt	1,44	1,26	,09	1,14	,255
	Geschlecht	−,32	,22	−,11	−1,49	,138
	Vollzeit/Teilzeit	−,01	,19	−,01	−0,01	,993
			$F(3,179) = 1,89, p = ,124, R^2 = ,01$			
2	(Konstante)	−1,43	,60		−2,37	,019**
	Kinder im Haushalt	,68	,69	,04	0,98	,330
	Geschlecht	−,06	,12	−,02	−0,52	,605
	Vollzeit/Teilzeit	,90	,11	,04	,83	,411
	Arbeitsaufgabe	,06	,08	,04	0,77	,445
	Arbeitsbedingungen	,08	,09	,06	0,89	,375
	Arbeitsplatzsicherheit	,07	,06	,05	1,11	,269
	Arbeitszeitmodelle	,02	,06	,02	0,42	,678
	Corporate Social Responsibility	−,04	,08	−,03	−0,52	,606
	Erfolg des Unternehmens	,01	,06	,01	0,15	,880
	Entgelt inklusive Sozialleistungen	**,14**	**,07**	**,12**	**2,01**	**,047****
	Innovation & Fortschritt	−,01	,06	−,01	−0,21	,833
	Internationalität/Auslandseinsatz	,05	,03	,07	1,51	,134
	Image/Reputation/Bekanntheit	,01	,07	,01	0,04	,972
	Karriere/Aufstieg	,06	,05	,07	1,20	,230
	Management und Führung	**,24**	**,08**	**,19**	**2,92**	**,004****
	Standort	,03	,05	,03	0,71	,477
	Team/Arbeitsatmosphäre/Klima	,01	,07	,01	0,13	,894
	Unternehmenskultur	,01	,08	−,01	−0,07	,941
	Unternehmensmerkmale	,06	,08	,04	0,81	,419
	Weiterbildung	,01	,05	,01	0,01	,995
	Work-Life-Balance	−,01	,06	−,01	−0,19	,847
	Identifikation mit dem Unternehmen	**,60**	**,08**	**,51**	**7,69**	**<,001****
			$F(22,160) = 22,96, p < ,001, R^2 = ,76$			

** $p < ,05$

mit der Arbeitgeberattraktivität für die Generation Z schwächer als bei der Vergleichsgeneration.

Die Faktoren Arbeitsplatzsicherheit, Corporate Social Responsibility, Erfolg des Unternehmens und Work-Life-Balance spielen bei der Generation X und den Babyboomern eine größere Rolle als bei der Generation Z. Für die Generationen X und Y ist die Unternehmenskultur wichtiger als für die Generation Z. Das Image des Unternehmens ist für Mitglieder der Generation Z im Vergleich zu allen drei Vorgängergenerationen am wenigsten relevant. Hier ist jedoch nochmals zu betonen, dass bei allen identifizierten Moderationseffekten die Effektstärken so gering sind, dass sie praktisch keine Relevanz haben.

Dies deckt sich mit bisherigen wissenschaftlichen Erkenntnissen, die darauf hinweisen, dass Generationenunterschiede in Bezug auf arbeitsrelevante Werte und Präferenzen überschätzt werden (Costanza et al., 2023; Ravid et al., 2024). Wie bei Schröder (2018) deuten einzelne signifikante Effekte gar darauf hin, dass diese gegenteilig zu den in der Managementliteratur postulierten Generationenunterschieden sind. Dort wird u. a. behauptet, dass ein sicherer Arbeitsplatz und eine gute Work-Life-Balance für die Generation Z besonders wichtig seien. In unseren Analysen sind diese Aspekte jedoch in den Generationen X und Baby Boomer ein stärkerer Prädiktor für die Arbeitgeberattraktivität, d. h. bei den älteren Generationen sind sie wichtiger dafür, dass sie ihren Arbeitgeber positiv bewerten. Aber auch dieser statistische Unterschied ist aufgrund der geringen Effektstärke praktisch kaum relevant.

Unsere Ergebnisse zeigen, dass die Faktoren Identifikation mit dem Unternehmen, gute Führung, motivations- und persönlichkeitsförderliche Arbeitsaufgaben (Ulich, 2011) sowie eine faire Entlohnung unabhängig von der Generation entscheidend für die Arbeitgeberattraktivität sind. Unternehmen sollten daher Maßnahmen ergreifen, die diese Merkmale stärken.

Betrachtung von Lebensphaseneffekten

9

Zusammenfassung

Durch das Querschnittsdesign der vorliegenden Studie, in dem Generation, Alter und Berufslebensphase untrennbar miteinander verbunden sind, können diese Effekte nicht separat analysiert werden. Es wird jedoch ein deskriptiver Blick auf Unterschiede in der Berufserfahrung und der familiären Situation – insbesondere das Vorhandensein von Kindern im Haushalt – zwischen den untersuchten Generationen geworfen. Die Ergebnisse der vorherigen Kapitel werden in diesem Kontext diskutiert. Es wird erörtert, inwiefern das Fehlen von nachweisbaren Unterschieden auf mögliche Überlagerungen durch sogenannte Periodeneffekte hindeuten könnte, die gesamtgesellschaftliche Veränderungen in Einstellungen widerspiegeln und somit generationsspezifische Unterschiede relativieren.

In unserer Querschnittuntersuchung können nahezu keine Effekte der Generationszugehörigkeit nachgewiesen werden, was bedeutet, dass wir auch keine Alters- oder Berufslebensphaseneffekte aufzeigen können. Diese sind bei unserem Design untrennbar mit der Generation verbunden. Unsere Analysen der demografischen Merkmale zeigen, dass es erwartbare Muster hinsichtlich der Berufserfahrung gibt: Mitglieder der Baby Boomer Generation haben die größte Berufserfahrung in Jahren, Mitglieder der Generation Z die geringste.

Auch bei der familiären Situation gibt es Unterschiede zwischen den Generationen, die auf verschiedene Phasen des Privatlebens hinweisen. Im Zusammenhang mit beruflichen Aspekten scheint das Vorhandensein von Kindern besonders interessant. So ist die Relevanz einer familienfreundlichen Personalpolitik offensichtlich größer, wenn Beschäftigte familiäre Verpflichtungen haben. Bei den befragten Mitgliedern der Baby Boomer Generation leben 15 % zusammen mit Kindern, bei der Generation X sind es 41 %, bei der Generation Y 42 % und bei der Generation Z 0 %. Wir haben das Vorhandensein von Kindern im Haushalt als Kontrollvariable in unseren Analysen berücksichtigt. Es zeigen sich jedoch keine Effekte im Hinblick auf die Arbeitgeberattraktivität.

Dass weder Generationenzugehörigkeit noch individuelle Lebensumstände signifikante Unterschiede in der Relevanz von Arbeitgeberattraktivitätsfaktoren hervorrufen, unterstreicht die Wichtigkeit von übergreifenden Aspekten, die für alle Beschäftigtengruppen gleichermaßen wichtig sind. Dies ist insbesondere deshalb interessant, weil frühere Studien darauf hingewiesen haben, dass sich Arbeitswerte über den Lebensverlauf hinweg verändern und somit in unterschiedlichen Altersbereichen unterschiedlich stark ausgeprägt sind (Schröder, 2024). Unsere Ergebnisse könnten einen Hinweis liefern, dass diese Effekte möglicherweise durch Periodeneffekte überlagert werden. Ein Beispiel für einen solchen Periodeneffekt ist die Corona-Pandemie, durch die generationenübergreifend der Wert der Arbeit gesunken ist, während der Wunsch nach persönlicher Freiheit zugenommen hat (Schwarz et al., 2021). Periodeneffekte wirken auf alle Mitglieder einer Gesellschaft gleichermaßen und führen zu veränderten Einstellungen unabhängig von der Generationszugehörigkeit (Schröder, 2018). Dies könnte erklären, warum in unserer Untersuchung bei Beschäftigten unterschiedlicher Generationen die gleichen Aspekte relevant sind, wenn es um die Attraktivität des Arbeitgebers geht.

Limitationen unserer Untersuchung 10

Zusammenfassung

Jede empirische Untersuchung hat Limitationen. Dieses Kapitel beleuchtet die methodischen Grenzen der Studie, wie die Vermischung von Alter, Lebensphase und Generation im Querschnittdesign sowie mögliche Stichprobenverzerrungen. Auch die Messgenauigkeit einzelner Faktoren wird kritisch betrachtet. Es werden Anregungen für die zukünftige Forschung gegeben, beispielsweise Längsschnittstudien und eine detailliertere Erfassung der Lebensumstände. Trotz dieser Einschränkungen werden die Stärken der Untersuchung betont, etwa die Befragung ausschließlich von Berufstätigen und der innovative Analyseansatz.

Obwohl unsere Untersuchung methodisch fundiert durchgeführt wurde, gibt es einige Limitationen, die bei der Interpretation der Ergebnisse berücksichtigt werden sollten. Eine zentrale methodische Einschränkung liegt in der Tatsache, dass sich in unserem Querschnittdesign die Effekte von Alter, Lebensphase und Generation nicht voneinander trennen lassen. Das bedeutet, dass Unterschiede, die als Generationeneffekte interpretiert werden könnten, tatsächlich auch durch Alterseffekte oder durch die jeweilige (Berufs)Lebensphase bedingt sein könnten. Dies stellt eine generelle Herausforderung in der Forschung zu Generationenunterschieden dar und wurde bereits von Schröder (2018) kritisch diskutiert. Dass unsere Studie trotz dieser methodischen Einschränkung keine relevanten Generationenunterschiede nachweisen konnte, ist besonders interessant, denn es deutet darauf hin, dass selbst unter Bedingungen, die potenziell Verzerrungen zugunsten von Generationseffekten begünstigen könnten, keine substanziellen Unterschiede festgestellt werden.

Aufgrund des korrelativen Designs sind keine kausalen Aussagen über die Entwicklung von Arbeitswerten im Zeitverlauf möglich. Langfristige Veränderungen könnten durch Längsschnittstudien besser erfasst werden, um Alters-, Kohorten- und Periodeneffekte klarer zu trennen. Insbesondere der Einfluss gesellschaftlicher Veränderungen, wirtschaftlicher Krisen oder technischer Entwicklungen auf die Arbeitswerte verschiedener Generationen sollte in zukünftigen Studien noch differenzierter betrachtet werden.

Die Datenerhebung basiert auf einer freiwilligen Online-Stichprobe. Obwohl durch die Rekrutierung über verschiedene Kanäle eine hohe Heterogenität der Befragten erreicht wurde, kann nicht ausgeschlossen werden, dass die Stichprobe Verzerrungen aufweist, beispielsweise durch eine Überrepräsentation bestimmter Berufsgruppen oder Branchen. Eine zukünftige Replikation der Studie mit einer repräsentativen Stichprobe der Erwerbsbevölkerung wäre daher sinnvoll, um die Generalisierbarkeit der Ergebnisse weiter zu verbessern.

Ein weiteres methodisches Limit betrifft die Erhebung der Arbeitgeberattraktivitätsfaktoren mittels des AGA-I (Lohaus & Rietz, 2020). Zwar bietet dieses Instrument eine fundierte Erfassung der relevanten Dimensionen, doch variieren die internen Konsistenzen einzelner Skalen, was insbesondere bei Faktoren mit niedriger Reliabilität (z. B. Arbeitsplatzsicherheit) die Interpretierbarkeit der Ergebnisse einschränkt.

Um die Lebensphaseneffekte detaillierter zu prüfen, sollten künftige Untersuchungen die berufliche und private Situation differenzierter erfassen. Um die Teilnahmemotivation bei den Befragten nicht durch einen zu langen Fragebogen zu reduzieren, haben wir nur ausgewählte Merkmale erfasst. Dadurch sind unsere Aussagen zu den Effekten der Lebensphase eingeschränkt. Ein bedeutender Einflussfaktor für die Relevanz verschiedener Arbeitgebermerkmale für Familien ist das Kinderbetreuungsangebot (Schroeder, 2024), welches durch uns nicht berücksichtigt wurde. Zudem könnten das Alter und die Anzahl der Kinder zusätzliche Erkenntnisse liefern. Auch die Pflege von Angehörigen wird zunehmend relevant (Statistisches Bundesamt, 2024a) und sollte erfasst werden. Hinsichtlich beruflicher Merkmale wäre es interessant, das Aufgabenfeld, etwa Führungsverantwortung, zu erfassen. Durch multivariate Analyseverfahren könnten weitere Wechselwirkungen identifiziert werden.

Trotz der methodischen Limitationen besitzt unsere Untersuchung auch Stärken. Sie ist die erste uns bekannte Studie zu Generationenunterschieden bei der Arbeitgeberattraktivität, in der alle Befragten wirklich berufstätig sind – auch die Mitglieder der Generation Z. Somit beruhen die Einschätzungen der Arbeitgeberattraktivitätsfaktoren auf echten Erfahrungen und sind nicht bloß Wünsche und Vorstellungen. Durch den neuen methodischen Ansatz, die Bedeutung der

Attraktivitätsfaktoren regressionsanalytisch zu bestimmen, werden zudem Verzerrungen durch direkte Wichtigkeitseinschätzungen vermieden (Pfister et al., 2017). Vor allem sehen wir in unserem Querschnittdesign auch einen Vorteil für die aktuelle Debatte um die vermeintlich so besonderen Ansprüche der Generation Z. Wir haben alle Generationen zu einem Zeitpunkt untersucht und konnten keine bedeutsamen Unterschiede in der Relevanz der Attraktivitätsfaktoren nachweisen. Dies spricht dafür, dass die Mitglieder verschiedener Generationen die gleichen Dinge bei ihren Arbeitgebern schätzen, obwohl sie sich im Alter und der Lebensphase unterscheiden.

Personalmanagement ohne Generationsmythen: Handlungsempfehlungen für die Praxis

11

Inhaltsverzeichnis

Zusammenfassung

Aus den Ergebnissen werden Handlungsempfehlungen für ein evidenz-basiertes Personalmanagement abgeleitet. Dieses Kapitel zeigt, warum generationsspezifische Maßnahmen nicht zielführend und stattdessen über-greifende Faktoren für eine hohe Arbeitgeberattraktivität entscheidend sind. Es werden die Risiken einer Personalpolitik beleuchtet, die auf Generations-mythen basiert. Als Alternative wird ein lebensphasenorientiertes Personal-management vorgeschlagen, das auf die individuellen Bedürfnisse und Kom-petenzen der Mitarbeitenden in verschiedenen Lebensabschnitten eingeht. Abschließend wird ein verantwortungsvollerer Umgang mit Generationenver-gleichen in der öffentlichen Diskussion gefordert, um Vorurteile abzubauen und eine differenziertere Sichtweise auf die Erwartungen und Bedürfnisse von Beschäftigten zu fördern.

Unsere Untersuchung konnte keine Belege finden, die für praktisch bedeutsame Generationenunterschiede hinsichtlich der Arbeitgeberattraktivität sprechen. Viel-mehr konnten wir zeigen, dass zentrale Merkmale wie gute Führung, förderliche Arbeitsaufgaben, Identifikationsmöglichkeiten und das Entgelt generationenübergreifende Relevanz besitzen. Unternehmen sollten daher vorrangig in diese Aspekte investieren, um langfristig eine hohe Arbeitgeberattraktivität sicherzustellen. Detaillierte Empfehlungen dafür würden den Rahmen dieses Buches sprengen. Wir empfehlen dazu die Lektüre wissenschaftlich fundierter Quellen zur Gestaltung guter Arbeit und Führung (z. B. Rose, 2024; Schermuly, 2024).

Personalverantwortliche sollten sich von der Annahme lösen, dass generationenspezifische Maßnahmen eine sinnvolle Strategie für das Employer Branding sind. Unsere Untersuchung zeigt, dass Unterschiede bei der Relevanz der Attraktivitätsfaktoren zwischen den Generationen weit weniger stark ausgeprägt sind, als oft behauptet wird. Statt einer Fokussierung auf vermeintlich „typische" Generation Z-Präferenzen sollten Unternehmen vielmehr darauf setzen, attraktive Arbeitsbedingungen für alle Beschäftigten zu schaffen – unabhängig von ihrem Geburtsjahrgang.

11.1 Risiken einer generationsspezifischen Personalpolitik

Unsere Untersuchung reiht sich in eine Forschungslinie ein, die gegen Generationenunterschiede in der Arbeitswelt spricht (Ravid et al., 2024) und davor warnt, generationenspezifische Zuschreibungen als Grundlage für personalpolitische Entscheidungen zu nehmen (Costanza & Finkelstein, 2015; Parry & Urwin, 2021). Maßnahmen, die auf einzelne Generationen zugeschnitten sind, scheinen auf Basis dieser Evidenz nicht nur unnötig. Sie bergen auch die Gefahr der Diskriminierung. Erhalten Beschäftigte in Unternehmen allein aufgrund ihrer Generationszugehörigkeit – die direkt mit dem Alter zusammenhängt – unterschiedliche Angebote, kann dies zu einer Ungleichbehandlung führen, die das Allgemeine Gleichbehandlungsgesetz verletzt. Lange Zeit wurde hierbei besonders auf den Schutz älterer Beschäftigter geachtet. In der aktuellen Debatte sind es jedoch vor allem die jungen Beschäftigten, die mit negativen Vorurteilen konfrontiert werden (Francioli & North, 2021). Gleichzeitig steht die jeweils jüngste Generation im Mittelpunkt vieler Maßnahmen der Mitarbeiterrekrutierung, da ihre Mitglieder frisch in den Arbeitsmarkt eintreten und als neue Fachkräfte gewonnen werden müssen. Wird das Personalmarketing dann jedoch nur auf junge Bewerberinnen und Bewerber ausgerichtet, könnten sich ältere Interessentinnen und Interessenten nicht angesprochen fühlen. Hier ist also darauf zu achten, dass es keine Bevorzugungen oder Benachteiligungen aufgrund der Generationenzugehörigkeit gibt.

Eine weitere Gefahr sind Generationsstereotype in der Arbeitswelt (Costanza et al., 2020; Parry & Urwin, 2021; Rauvola et al., 2019; Rudolph et al., 2021). Diese können zu Vorurteilen gegenüber Generationsmitgliedern führen, durch die Konflikte innerhalb der Belegschaft geschürt werden könnten (Rauvola et al., 2019). Außerdem könnten negative Vorurteile über die Generation Z wie eine selbsterfüllende Prophezeiung wirken. Gehen Führungskräfte davon aus, dass junge Mitarbeitende faul und wenig belastbar sind, übertragen sie ihnen vermutlich eher anspruchslose Aufgaben, wie das Aktualisieren von Excel-Listen oder das Sortieren von Dokumenten. Diese sind wenig herausfordernd und oft von geringer Bedeutsamkeit. Solche Aufgaben besitzen ein geringes Motivationspotenzial, sodass es nicht überrascht, wenn diese mit wenig Engagement erledigt werden. Für die Führungskraft wäre das jedoch eine Bestätigung ihrer Annahme.

Ein weiteres Vorurteil besteht darin, dass die Generation Z nicht lange bei einem Arbeitgeber bleibt. Scheuen diese dann die Investition in die jungen Mitarbeitenden, indem sie keine Weiterbildungsmöglichkeiten bieten, könnte dies genau der Grund für die Kündigung sein, womit das Vorurteil bestätigt würde. Dass junge Menschen häufiger den Arbeitgeber wechseln, liegt jedoch nicht an ihrer Generationszugehörigkeit, sondern an ihrer Berufslebensphase (Institut der deutschen Wirtschaft, 2021). In der sogenannten Explorationsphase (Super, 1980) werden Interessen erkundet und erprobt, bevor eine berufliche Entscheidung getroffen wird. Arbeitgeber, die diese Exploration nicht unterstützen, sollten sich daher nicht wundern, wenn ihre jungen Beschäftigten neue Erfahrungen bei einem anderen Unternehmen suchen.

Eine Möglichkeit, um Vorurteilen entgegenzuwirken, ist die unternehmensweite Durchführung von sogenannten Unconscious Bias Trainings. In diesen Schulungen werden sich Mitarbeitende und Führungskräfte ihrer unbewussten Denkmuster bewusst und lernen Strategien, um voreingenommene Entscheidungsprozesse zu vermeiden. Gerade in der Personalführung und -entwicklung kann dies dazu beitragen, faire und objektive Entscheidungen zu treffen, anstatt sich von Generationsstereotypen leiten zu lassen. Allerdings sind diese Trainings allein nicht ausreichend, um nachhaltig Verhaltensveränderungen zu erzeugen. Bestenfalls stellen diese Trainings eines von vielen Elementen einer ganzheitlichen (Weiter-)entwicklung der Unternehmenskultur dar. Konkrete Maßnahmen, die bei der Entwicklung einer inklusiven Organisationskultur unterstützen können, beschreibt zum Beispiel Malhotra (2024).

11.2   Lebensphasenorientiertes statt generationsspezifisches Personalmanagement

Dennoch gibt es zahlreiche Publikationen, die die Generationeneinteilung als nützliches Konzept für das Personalmanagement ansehen und generationsspezifische Maßnahmen empfehlen (Campbell et al., 2015; Einramhof-Florian, 2022; Joshi et al., 2011; Klaffke, 2022a; Lyons et al., 2015; Twenge et al., 2010). Eine Ausrichtung an generationsspezifischen Bedürfnissen scheint dabei weder nötig noch zielführend. Die Fokussierung auf Generationen kann sogar problematisch sein, insbesondere im Hinblick auf das Allgemeine Gleichbehandlungsgesetz (AGG).

Unternehmen sollten stattdessen eine diversitätsorientierte und inklusive Personalstrategie verfolgen, die sich an individuellen Bedürfnissen und Kompetenzen orientiert. Diese können sich durchaus in verschiedenen Altersgruppen unterscheiden. Doch diese Unterschiede – sofern sie überhaupt praktisch bedeutsam sind – resultieren nicht aus der Generationszugehörigkeit, sondern aus beruflichen oder privaten Faktoren, die in bestimmten Lebensphasen relevant sind. Mitarbeitende mit kleinen Kindern sind oft zwischen 30 und 40 Jahre alt, in dieser Phase können Angebote des orts- und zeitflexiblen Arbeitens besonders attraktiv sein. Das gilt aber auch für Beschäftigte anderer Altersgruppen, die für die Pflege von Angehörigen verantwortlich sind. Mitarbeitenden in den letzten Jahren vor dem Renteneintritt könnte durch eine schrittweise Reduzierung der Arbeitszeit und die Übernahme von Mentorenrollen der Ausstieg erleichtert werden, ohne sie von wichtigen Aufgaben komplett abzuziehen. Diese Beispiele haben nichts mit der Generationszugehörigkeit zu tun, sondern sprechen für ein Lebensphasen-orientiertes Personalmanagement.

11.3   Verantwortungsvoller Umgang mit Generationenvergleichen in der Öffentlichkeit

Für die öffentliche Diskussion ist eine differenziertere Darstellung der Erwartungen und Bedürfnisse von Beschäftigten wünschenswert. Medien und vor allem Forschungsinstitute haben hier eine Verantwortung, Vorurteile gegenüber Mitgliedern verschiedener Generationen nicht zu befeuern, denn diese können negative Auswirkungen haben (Francioli & North, 2021). Beispielhaft kann hier das Pew Research Center erwähnt werden, ein US-amerikanisches Meinungsforschungsinstitut, das in den vergangenen Jahren typische Querschnittstudien zu Generationenunterschieden durchgeführt hat. Aufgrund zunehmender Kritik wurde die Methodik grundlegend überarbeitet. Generationenvergleiche werden nun nur noch gezogen, wenn es vergleichbare historische Daten gibt. In allen anderen Fällen werden lediglich Alterseffekte berichtet – sofern diese nachweisbar sind (Parker, 2023).

Auch in der deutschsprachigen Debatte gibt es vereinzelt Beiträge, die das auf der Kohortentheorie basierende Generationenkonzept infrage stellen (z. B. Business Punk, 2024; Deutschlandfunk, 2018; Herrmann, 2023) und über empirische Evidenz berichten, die gegen die verbreiteten Vorurteile spricht (Weber, 2025). Die Schlagzeilen zur vermeintlich faulen oder verwöhnten Generation Z sind jedoch nach wie vor viel präsenter. Wir hoffen, dass wir durch unsere Forschung einen Beitrag leisten können, die Vorurteile abzubauen und dem Hype um die Generation Z etwas entgegenzusetzen.

Fazit

Zusammenfassend zeigen unsere Ergebnisse, dass die Generation Z in ihren Erwartungen an Arbeitgeber weit weniger von vorherigen Generationen abweicht als oft behauptet wird. Dies steht im Einklang mit bisherigen wissenschaftlichen Studien, die darauf hinweisen, dass Generationeneffekte in der Arbeitswelt überschätzt werden. Für Unternehmen bedeutet dies, dass eine differenzierte, auf individuellen Bedürfnissen basierende Personalpolitik erfolgversprechender ist als die Fokussierung auf vermeintlich generationsspezifische Unterschiede. Die wichtigste Erkenntnis unserer Studie ist daher, dass universelle und zeitüberdauernde Attraktivitätsfaktoren für alle Beschäftigten einen zentralen Stellenwert im Employer Branding haben sollten, anstatt kurzfristigen Trends oder Stereotypen durch eine Generationeneinteilung zu folgen.

© Der/die Autor(en), exklusiv lizenziert an Springer-Verlag GmbH, DE, ein Teil von Springer Nature 2025
K. Sachse et al., *Arbeitgeberattraktivität aus Sicht der Generationen*, essentials,
https://doi.org/10.1007/978-3-662-71811-7_12

Was Sie aus diesem *essential* mitnehmen können

- Es gibt keine praktisch bedeutsamen Unterschiede zwischen den Generationen, welche Faktoren einen Arbeitgeber attraktiv machen
- Gute Führung, förderliche Arbeitsaufgaben, Identifikationsmöglichkeiten und das Entgelt sind generationenübergreifend bedeutsam
- Generationsspezifische Angebote sind nicht empfehlenswert und bergen sogar die Gefahr der Diskriminierung

© Der/die Herausgeber bzw. der/die Autor(en), exklusiv lizenziert an Springer-Verlag GmbH, DE, ein Teil von Springer Nature 2025
K. Sachse et al., *Arbeitgeberattraktivität aus Sicht der Generationen*, essentials, https://doi.org/10.1007/978-3-662-71811-7

Literatur

Albert, M., Hurrelmann, K., & Quenzel, G. (2010). *Jugend 2010: Eine pragmatische Generation behauptet sich* (Bd. 16). Fischer Taschenbuch Verlag.

Albert, M., Quenzel, G., & de Moll Verian, F. (2024). *Jugend 2024 – 19. Shell Jugendstudie Pragmatisch zwischen Verdrossenheit und gelebter Vielfalt* (Bd. 19). Beltz.

Angeli, M. (2018). Generationen-Management und Mitarbeiterbindung. *Gruppe. Interaktion. Organisation. Zeitschrift für Angewandte Organisationspsychologie (GIO), 49*(4), 347–359. https://doi.org/10.1007/s11612-018-0438-2.

Antes, W., Wenzl, U., & Wichmann, S. (2022). *Jugend im Ländlichen Raum Baden-Württembergs.* Schneider Verlag Hohengehren.

Backhaus, K., & Tikoo, S. (2004). Conceptualizing and researching employer branding. *Career Development International, 9*(5), 501–517. https://doi.org/10.1108/13620430410550754.

Bäuml, K. (2024, April 27). „*Das hat es nicht mal bei den 68ern gegeben": Gefährdet die Generation Z den deutschen Wohlstand?* https://www.merkur.de/wirtschaft/junge-generation-arbeit-job-gen-z-forscher-klaus-hurrelmann-experte-arbeitsmoral-zr-93034928.html.

Berthon, P., Ewing, M., & Hah, L. L. (2005). Captivating company: Dimensions of attractiveness in employer branding. *International Journal of Advertising, 24*(2), 151–172. https://doi.org/10.1080/02650487.2005.11072912.

Bundesagentur für Arbeit. (2024). *Arbeits- und Fachkräftemangel trotz Arbeitslosigkeit* (Arbeitsmarkt kompakt). Bundesagentur für Arbeit.

Bundesministerium für Bildung und Forschung. (2024). *Berufsbildungsbericht 2024.* Bundesministerium für Bildung und Forschung (BMBF). https://www.bundesregierung.de/breg-de/aktuelles/berufsbildungsbericht-2024-2276888.

Business Punk. (2024). Studie: Von Gen Z bis Boomer – Hängt die Arbeitsmotivation wirklich mit der Generation zusammen? *Business Punk.* https://www.business-punk.com/2024/04/studie-von-gen-z-bis-boomer-haengt-die-arbeitsmotivation-wirklich-mit-der-generation-zusammen/.

Calmbach, M., Flaig, B., Gaber, R., Gensheimer, T., Möller-Slawinski, H., Schleer, C., & Wisniewski, N. (2024). *Wie ticken Jugendliche? 2024 Lebenswelten von Jugendlichen im Alter von 14 bis 17 Jahren in Deutschland.* Bundeszentrale für politische Bildung.

Campbell, W. K., Campbell, S. M., Siedor, L. E., & Twenge, J. M. (2015). Generational differences are real and useful. *Industrial and Organizational Psychology, 8*(3), 324–331. https://doi.org/10.1017/iop.2015.43.

Costanza, D. P., Finkelstein, L. M., Imose, R. A., & Ravid, D. M. (2020). Inappropriate inferences from generational research. In B. J. Hoffman, L. A. Wegman, & M. K. Shoss (Hrsg.), *The Cambridge Handbook of the Changing Nature of Work* (S. 20–41). Cambridge University Press. https://doi.org/10.1017/9781108278034.002.

Costanza, D. P., Rudolph, C. W., & Zacher, H. (2023). Are generations a useful concept? *Acta Psychologica, 241*, Article 104059. https://doi.org/10.1016/j.actpsy.2023.104059.

Cucina, J. M., Byle, K. A., Martin, N. R., Peyton, S. T., & Gast, I. F. (2018). Generational differences in workplace attitudes and job satisfaction: Lack of sizable differences across cohorts. *Journal of Managerial Psychology, 33*(3), 246–264. https://doi.org/10.1108/JMP-03-2017-0115.

Czerwińska-Lubszczyk, A., & Jankowiak, N. (2025). Motivation in the workplace – A generational perspective. *Management Systems in Production Engineering, 33*(2), 100–114. https://doi.org/10.2478/mspe-2025-0011.

Dassler, A., Khapova, S. N., Lysova, E. I., & Korotov, K. (2022). Employer attractiveness from an employee perspective: A systematic literature review. *Frontiers in Psychology, 13*. https://doi.org/10.3389/fpsyg.2022.858217.

Deutschlandfunk. (2018). *Mythos Generationsunterschiede—„Alle Leute verändern mit zunehmendem Alter ihre Einstellungen".* Deutschlandfunk. https://www.deutschlandfunk.de/mythos-generationsunterschiede-alle-leute-veraendern-mit-100.html.

DIW. (o. J.). *Forschungsbasierte Infrastruktureinrichtung „Sozio-oekonomisches Panel (SOEP)"* [Text]. DIW Berlin. https://www.diw.de/de/diw_01.c.615551.de/forschungsbasierte_infrastruktureinrichtung__sozio-oekonomisches_panel__soep.html. Zugegriffen: 20. Febr. 2025.

Drescher, L., & Warszta, T. (2021). Gekommen, um zu bleiben – Identifikation von Bindungsfaktoren bei Auszubildenden. *Wirtschaftspsychologie, 4–2020*(1–2021), 62–74.

Einramhof-Florian, H. (2022). *Fit für die jungen Generationen am Arbeitsplatz.* Springer Fachmedien.

Esch, F.-R., & Eichenauer, S. (2019). Mit Employer Branding die Arbeitgeberattraktivität steigern. In F.-R. Esch, T. Tomczak, J. Kernstock, T. Langner, & J. Redler (Hrsg.), *Corporate Brand Management: Marken als Anker strategischer Führung von Unternehmen* (S. 331–355). Springer Fachmedien. https://doi.org/10.1007/978-3-658-24900-7_18.

Ewing, M. T., Pitt, L. F., de Bussy, N. M., & Berthon, P. (2002). Employment branding in the knowledge economy. *International Journal of Advertising, 21*(1), 3–22. https://doi.org/10.1080/02650487.2002.11104914.

FOCUS, online. (2025). *Kündigungs-Alarm bei der Gen Z! Fast jeder Zweite denkt an schnelles Job-Aus.* FOCUS online. https://www.focus.de/finanzen/news/wechselwillig-wie-nie-fast-jeder-2-denkt-an-schnelles-job-aus-kuendigungs-alarm-bei-der-gen-z_id_260692285.html.

forsa, & XING. (2025, Februar 24). *Wechselbereitschaft 2025: Das müssen Sie im Recruiting wissen.* XING. https://recruiting.xing.com/de/blog/wechselbereitschaft-2025/.

Francioli, S. P., & North, M. S. (2021). Youngism: The content, causes, and consequences of prejudices toward younger adults. *Journal of Experimental Psychology: General, 150*(12), 2591–2612. https://doi.org/10.1037/xge0001064.

Gaedke, U., & Sachse, K. (2025). Bindung von Mitarbeitenden verstehen. *zfo Zeitschrift Führung + Organisation, 02*(2025), 86–91.

Hammermann, A., & Schäfer, H. (2024). *Arbeitszeitwünsche von jungen Beschäftigten* (24; IW-Kurzbericht). https://www.iwkoeln.de/studien/andrea-hammermann-holger-schaefer-arbeitszeitwuensche-von-jungen-beschaeftigten.html.

Hartung, P. J. (2013). The life-span, life-space theory of careers. In S. D. Brown & R. W. Lent (Hrsg.), *Career Development and Counseling: Putting Theory and Research to Work* (S. 83–113). Wiley.

Hellwanger, T., & Weber, E. (2025, Februar 17). Generation Z – noch ein Klischee weniger. *IAB-Forum.* https://www.iab-forum.de/generation-z-noch-ein-klischee-weniger/.

Herrmann, S. (2023, November 2). *Boomer oder Millennial: Warum das Konzept der „Generation" weitgehend wertlos ist.* Süddeutsche.de. https://www.sueddeutsche.de/wissen/boomer-millennial-generation-konzept-wertlos-1.6297487.

Hormess, I. (2024, März 28). *Generation Hängematte: Junge Menschen haben wenig Bock auf Arbeit.* bild.de. https://www.bild.de/politik/inland/politik-inland/generation-haengematte-junge-menschen-haben-wenig-bock-auf-arbeit-84550934.bild.html.

Institut der deutschen Wirtschaft. (2021). *Arbeitskräftefluktuation im Jahr 2020: Pandemie hinterlässt Spuren.* 82. https://www.iwkoeln.de/studien/joerg-schmidt-arbeitskraeftefluktuation-im-jahr-2020-pandemie-hinterlaesst-spuren.html.

Joshi, A., Dencker, J. C., & Franz, G. (2011). Generations in organizations. *Research in Organizational Behavior, 31,* 177–205. https://doi.org/10.1016/j.riob.2011.10.002.

Klaffke, M. (2022a). Erfolgsfaktor Generationen-Management – Roadmap für das Personalmanagement. In M. Klaffke (Hrsg.), *Generationen-Management: Konzepte, Instrumente, Good-Practice-Ansätze* (S. 3–45). Springer Fachmedien. https://doi.org/10.1007/978-3-658-38649-8_1.

Klaffke, M. (2022b). Millennials und Generation Z – Charakteristika der nachrückenden Beschäftigten-Generationen. In M. Klaffke (Hrsg.), *Generationen-Management: Konzepte, Instrumente, Good-Practice-Ansätze* (S. 81–133). Springer Fachmedien. https://doi.org/10.1007/978-3-658-38649-8_3.

Köcher, R., Sommer, M., & Hurrelmann, K. (2019). *Die McDonald's Ausbildungsstudie 2019.* McDonald´s Deutschland, Institut für Demoskopie Allensbach.

Leiner, D. J. (2024). *SoSci Survey* (Version 3.5.02) [Software]. https://www.soscisurvey.de.

Lievens, F., & Highhouse, S. (2003). The relation of instrumental and symbolic attributes to a company's attractiveness as an employer. *Personnel Psychology, 56*(1), 75–102. https://doi.org/10.1111/j.1744-6570.2003.tb00144.x.

Lohaus, D., & Rietz, C. (2018). *Arbeitgeberattraktivität im Verlauf der Lebensspanne.* Darmstädter Institut für Wirtschaftspsychologie der Hochschule Darmstadt. https://doi.org/10.48444/h_docs-pub-199.

Lohaus, D., & Rietz, C. (2020). Arbeitgeberattraktivitätsinventar (AGA-I)—Ein deutschsprachiges Instrument zur Messung der Arbeitgeberattraktivität. *Wirtschaftspsychologie, 2*(2020), 87–108.

Lohaus, D., Rietz, C., & Haase, S. (2013). Talente sind wählerisch—Was Arbeitgeber attraktiv macht. *Wirtschaftspsychologie aktuell, 20*(3), 12–15.

Losekam, S., & Lipova, L. (2022). Employer Branding für die Generationen Y und Z: Die Bedeutung von Corporate Social Responsibility bei der Arbeitgeberwahl. *zfo Zeitschrift Führung + Organisation, 2022*(02), 116–124.

Luck, J. (2025, Januar 28). Bildungsforscher zu Gen Z auf dem Arbeitsmarkt: „Das bedeutet eine Revolution". *stern.de*. https://www.stern.de/gesellschaft/gen-z-auf-dem-arbeitsmarkt--mit-ihr-wird-sich-vieles-aendern-33142832.html.

Lyons, S., & Kuron, L. (2014). Generational differences in the workplace: A review of the evidence and directions for future research. *Journal of Organizational Behavior, 35*(1), 139–157. https://doi.org/10.1002/job.1913.

Lyons, S., Urick, M., Kuron, L., & Schweitzer, L. (2015). Generational differences in the workplace: There is complexity beyond the stereotypes. *Industrial and Organizational Psychology, 8*(3), 346–356. https://doi.org/10.1017/iop.2015.48.

Mahmoud, A. B., Fuxman, L., Mohr, I., Reisel, W. D., & Grigoriou, N. (2020). „We aren't your reincarnation!" workplace motivation across X, Y and Z generations. *International Journal of Manpower, 42*(1), 193–209. https://doi.org/10.1108/IJM-09-2019-0448.

Malhotra, R. T. (2024). *Inclusion on Purpose: An Intersectional Approach to Creating a Culture of Belonging at Work*. The MIT Press.

Nahhas, R. W. (2024). *Introduction to Regression Methods for Public Health Using R*. CRC Press.

Niehus, M. (2024, März 7). *Neue Studie zeigt: Generation Z ist zu faul*. bild.de. https://www.bild.de/bild-plus/ratgeber/job-karriere/auto-news/neue-studie-zeigt-generation-z-ist-zu-faul-86982812.bild.html.

Oertel, J. (2022). Baby Boomer und Generation X – Charakteristika der etablierten Beschäftigten-Generationen. In M. Klaffke (Hrsg.), *Generationen-Management: Konzepte, Instrumente, Good-Practice-Ansätze* (S. 47–79). Springer Fachmedien. https://doi.org/10.1007/978-3-658-38649-8_2.

Parker, K. (2023, Mai 22). How pew research center will report on generations moving forward. *Pew Research Center*. https://www.pewresearch.org/short-reads/2023/05/22/how-pew-research-center-will-report-on-generations-moving-forward/.

Parment, A. (2023a). Die neue Arbeitswelt: Vorteil Generation Z. In A. Parment (Hrsg.), *Die Generation Z : Die Hoffnungsträgergeneration in der neuen Arbeitswelt* (S. 139–180). Springer Fachmedien. https://doi.org/10.1007/978-3-658-42682-8_6.

Parment, A. (2023b). Generation Z kennenlernen. In A. Parment (Hrsg.), *Die Generation Z : Die Hoffnungsträgergeneration in der neuen Arbeitswelt* (S. 125–137). Springer Fachmedien. https://doi.org/10.1007/978-3-658-42682-8_5.

Parment, A. (2023c). Gesellschaft und Märkte im Wandel. In A. Parment (Hrsg.), *Die Generation Z : Die Hoffnungsträgergeneration in der neuen Arbeitswelt* (S. 7–54). Springer Fachmedien. https://doi.org/10.1007/978-3-658-42682-8_2.

Parry, E., & Urwin, P. (2021). Generational categories: A broken basis for human resource management research and practice. *Human Resource Management Journal, 31*(4), 857–869. https://doi.org/10.1111/1748-8583.12353.

Pfister, H. R., Jungermann, H., & Fischer, K. (2017). Zielkonflikte. In H.-R. Pfister, H. Jungermann, & K. Fischer (Hrsg.), *Die Psychologie der Entscheidung: Eine Einführung* (S. 83–114). Springer. https://doi.org/10.1007/978-3-662-53038-2_4.

Randstad. (2021). *New Work Studie zur neuen Arbeitswelt*. https://www.randstad.de/hr-portal/unternehmensfuehrung/new-work/trendreport/.

Rauvola, R. S., Rudolph, C. W., & Zacher, H. (2019). Generationalism: Problems and implications. *Organizational Dynamics, 48*(4), Article 100664. https://doi.org/10.1016/j.orgdyn.2018.05.006.

Ravid, D. M., Costanza, D. P., & Romero, M. R. (2024). Generational differences at work? A meta-analysis and qualitative investigation. *Journal of Organizational Behavior.* https://doi.org/10.1002/job.2827.

Ritzer, U., & Würminghausen, P. (2024, Februar 1). *Rettet die Generation Z die Arbeitswelt?* Süddeutsche.de. https://www.sueddeutsche.de/projekte/artikel/wirtschaft/generation-z-gen-z-faul-verwoehnt-e628921/.

Rose, N. (2024). *Arbeit besser machen* (2. Aufl.). Haufe.

Rudolph, C. W., Rauvola, R. S., Costanza, D. P., & Zacher, H. (2021). Generations and generational differences: Debunking myths in organizational science and practice and paving new paths forward. *Journal of Business and Psychology, 36*(6), 945–967. https://doi.org/10.1007/s10869-020-09715-2.

Ryder, N. B. (1985). The cohort as a concept in the study of social change. In W. M. Mason & S. E. Fienberg (Hrsg.), *Cohort Analysis in Social Research: Beyond the Identification Problem* (S. 9–44). Springer. https://doi.org/10.1007/978-1-4613-8536-3_2.

Schermuly, C. C. (2024). *New Work—Gute Arbeit gestalten* (4. Aufl.). Haufe.

Schmidt, J., Staiger, A.-M., & von der Oelsnitz, D. (2020). Generationsdebatte: Immer noch viel Lärm um nichts? *WiSt – Wirtschaftswissenschaftliches Studium, 49,* 11–17. https://doi.org/10.15358/0340-1650-2020-10-11.

Schnetzer, S., Hampel, K., & Hurrelmann, K. (2024). *Trendstudie Jugend in Deutschland 2024: Verantwortung für die Zukunft? Ja, aber.* Datajockey Verlag.

Schröder, M. (2018). Der Generationenmythos. *KZfSS Kölner Zeitschrift für Soziologie und Sozialpsychologie, 70*(3), 469–494. https://doi.org/10.1007/s11577-018-0570-6.

Schröder, M. (2024). Work motivation is not generational but depends on age and period. *Journal of Business and Psychology, 39*(4), 897–908. https://doi.org/10.1007/s10869-023-09921-8.

Schroeder, W. (2024). Vom Arbeitgeber- zum Arbeitnehmermarkt? In B. Badura, A. Ducki, J. Baumgardt, M. Meyer, & H. Schröder (Hrsg.), *Fehlzeiten-Report 2024: Bindung und Gesundheit—Fachkräfte gewinnen und halten* (S. 3–18). Springer. https://doi.org/10.1007/978-3-662-69620-0_1.

Schwarz, A.-L., Raffel, T., Vermehren, P., & Schneider, C. (2021). *Vierte Wertestudie—Wandel von Werten und Einstellungen in der Krise.* Wertestiftung: EBS Universität.

Statistisches Bundesamt. (2024a). *5,7 Millionen Pflegebedürftige zum Jahresende 2023.* Statistisches Bundesamt. https://www.destatis.de/DE/Presse/Pressemitteilungen/2024/12/PD24_478_224.html.

Statistisches Bundesamt. (2024b, März 31). *Bevölkerung nach Alter und Schulabschluss 2023.* Statista. https://de.statista.com/statistik/daten/studie/197269/umfrage/allgemeiner-bildungsstand-der-bevoelkerung-in-deutschland-nach-dem-alter/.

Statistisches Bundesamt. (2025). *Bevölkerung, Erwerbstätige, Erwerbslose, Erwerbspersonen, Nichterwerbspersonen aus Hauptwohnsitzhaushalten: Deutschland, Jahre, Geschlecht, Altersgruppen* (Code: 12211-0001) [Dataset].

Stepstone. (2025, Februar 7). Recruiting Trends 2024 – aktuelle Entwicklungen auf dem Arbeitsmarkt. *about_recruiting.* https://www.stepstone.de/e-recruiting/hr-wissen/arbeitsmarkt/recruiting-trends/.

Stiglbauer, B., Penz, M., & Batinic, B. (2022). Work values across generations: Development of the New Work Values Scale (NWVS) and examination of generational differences. *Frontiers in Psychology, 13.* https://doi.org/10.3389/fpsyg.2022.1028072.

Super, D. E. (1980). A life-span, life-space approach to career development. *Journal of Vocational Behavior, 16*(3), 282–298. https://doi.org/10.1016/0001-8791(80)90056-1.

SWR. (2024, April 7). *Generation Z: Wohlstandsgefährdung oder Chance für die Arbeitskultur?* tagesschau.de. https://www.tagesschau.de/wirtschaft/arbeitsmarkt/generation-z-arbeitsmarkt-100.html.

Twenge, J. M., Campbell, S. M., Hoffman, B. J., & Lance, C. E. (2010). Generational differences in work values: Leisure and extrinsic values increasing, social and intrinsic values decreasing. *Journal of Management, 36*(5), 1117–1142. https://doi.org/10.1177/0149206309352246.

Ulich, E. (2011). *Arbeitspsychologie.* Schäffer-Poeschel. https://vdf.ch/arbeitspsychologie.html.

Weber, S. (2025, Februar 26). Das Märchen von der faulen Gen Z und wem es nützt. *Der Spiegel.* https://www.spiegel.de/start/arbeitsmoral-generation-z-ist-nachweislich-nicht-faul-das-geruecht-haelt-sich-trotzdem-a-a4345052-361b-465a-beb0-e4eb7ea377e7.

ZDF. (2024, Juni 13). *Zerstört die Gen Z unsere Arbeitswelt?* Auf der Couch – ZDF. https://www.zdf.de/uri/fb17820d-36fa-42af-8578-5e32678ab7e4.

Zensus. (2024, Oktober 16). *Zensus 2022: In München lebten anteilig die meisten Akademikerinnen und Akademiker.* Statistisches Bundesamt. https://www.zensus2022.de/DE/Aktuelles/PM_Zensus_2022_Ergebnisveroeffentlichung_Bildung.html.